LETRUX

Em noite de climão

Roberta Martinelli

LETRUX

Em noite de climão

Cobogó

SUMÁRIO

Sobre a coleção **O LIVRO DO DISCO**

A coleção O Livro do Disco foi lançada em 2014, pela Cobogó, para apresentar aos leitores reflexões musicais distintas sobre álbuns que foram – e continuam sendo – essenciais na nossa formação cultural e, claro, afetiva. Inspirada inicialmente pela série norte-americana 33 1/3, da qual publicamos traduções fundamentais, O Livro do Disco hoje tem uma cara própria, oferecendo ao público livros originais sobre música brasileira que revelam a pluralidade e a riqueza da nossa produção.

A cada título lançado, o leitor é convidado a mergulhar na história de discos que quebraram barreiras, abriram caminhos e definiram paradigmas. A seleção de álbuns e artistas muitas vezes foge do cânone esperado. Isso se dá, sobretudo, devido à formação diversa dos autores: críticos, músicos, pesquisadores, produtores e jornalistas que abordam suas obras favoritas de maneira livre, cada um a seu modo — e com isso produzem um rico e vasto mosaico que nos mostra a genialidade e a inventividade encontradas na sonoridade e nas ideias de artistas do Brasil e do mundo.

O Livro do Disco é para os fãs de música, mas é também para quem deseja um contato mais aprofundado, porém acessível, com o contexto e os personagens centrais de trabalhos que marcaram a história da música. Em tempos de audição fragmentada e acesso à música via plataformas de *streaming*, (re)encontrar esses discos em sua totalidade é uma forma de escutar o quanto eles têm a dizer sobre o nosso tempo. Escolha seu Livro do Disco e se deixe embalar, faixa a faixa, por sons e histórias que moldaram — e seguem moldando — nossas vidas.

Introdução

Difícil precisar onde uma história começa. Uma história é contada desde antes de começar a ser história. E é na hora de contar que a gente escolhe o início.

Em noite de climão é o primeiro disco "solo" (entre aspas, pois sabemos que em música ninguém faz nada sozinho) da cantora, atriz e compositora Letícia Novaes, que assina com o codinome de Letrux, persona criada para esse trabalho, lançado em 2017. Mas não vamos começar a contar a história desse ponto.

Muito antes disso, lá no começo de tudo, tem a Letícia Pinheiro de Novaes, filha de Sônia Pinheiro de Novaes e Luiz Célio Gomes de Novaes, capricorniana, nascida em 5 de janeiro de 1982, no bairro da Tijuca, no Rio de Janeiro. Uma garota que desde bem pequena dublava Maria Bethânia, já mais adolescente andava por aí dando rolês de skate e que durante a sua formação criava frases, fazia algumas melodias e cantarolava por aí. Mas não voltaremos tanto para começar a contar.

A história poderia, então, talvez começar da menina que admirava atrizes, que era vidrada em palco, em luzes, máquinas de fumaça, coxia, cortinas, camarim, e que foi estudar teatro na Casa das Artes de Laranjeiras, escola de teatro carioca mais conhecida como CAL. Mas também não vamos seguir com essa versão pois é muito difícil narrar esses primeiros anos de descobertas artísticas e explosões criativas, um momento tão rico da vida, no qual tudo ainda é possibilidade. Escolho deixar esse período em aberto, um pouco por incapacidade de contar e outro tanto por não querer deixar fechado algo que é tão enorme. Tão enorme mesmo.

Então, vou seguir o fio do tempo. Depois do início da explosão criativa e da identificação com as artes, ainda na juventude Letícia teve algumas bandas: Letícios foi a primeira. Uma banda de rock que aconteceu ainda na era pré-internet. Um dos poucos registros encontrados no mundo virtual está no YouTube e é a música "Ana Cristina desconcentrada", numa gravação de show ao vivo, em 2006, no Teatro Ziembinski, no Rio de Janeiro.

Depois dos Letícios, Letícia participou da banda Ménage à Trois, que tocava mais em festas raves. Um dos integrantes era João Brasil, que mais tarde assinaria a produção do último disco da banda Letuce e do terceiro álbum da cantora Letrux (também não começaremos aqui).

Depois dessas aventuras musicais iniciais, veio a Letuce, criada em 2007 e com a qual Letícia ficou mais conhecida. A banda era muito centrada nela e em Lucas Vasconcellos, músico, produtor e seu namorado na época — e isso precisa ser dito aqui, pois as performances da banda eram muito inspiradas por esse relacionamento: muitas declarações de amor, apelidos engraçados de casal eram expostos no palco e também em entrevistas. São memoráveis os riffs de guitarra tocados com Letícia encaixada entre Lucas e o instrumento. Grande parte do apresentado no palco era pautado na intimidade que havia entre os dois. Essa proximidade, somada à personalidade da Letícia e à musicalidade do Lucas, atraiu um bom número de fãs no circuito carioca, conquistando alguns tantos outros em São Paulo. Mas a história não vai começar com Letuce também.

Importante destacar que a banda começou assinando como Lettuce (com dois tês), mas logo Letícia e Lucas descobriram uma banda de Boston homônima. E aí, ouvindo a sugestão do músico e produtor Bernardo Palmeira, tiraram apenas a consoante duplicada e seguiram com o nome. Aliás, vale outro destaque aqui, que é perceber que os nomes das bandas quase sempre derivam de Letícia. Letuce era o apelido dela e o nome do fotolog que ela mantinha, justamente onde Lucas fez o primeiro contato com ela. Esse fotolog tinha mais ênfase em textos, poesias e fotos loucas, e o do Lucas focava mais em desenhos. Tanto que, quando se conheceram pessoalmente em uma festa de uma amiga em comum, a cantora e artista, Ana Claudia Lomelino (a Mãeana), a primeira coisa que Letícia falou para Lucas foi: "Oi, ilustrador", deixando o músico um tanto quanto intrigado. Parece que rolou.

Em entrevista à *Revista TPM* logo após a estreia do casal em São Paulo, eles contaram sobre esse primeiro encontro: "Temos uma amiga em comum, mas antes de a gente se conhecer ele comentou no meu fotolog. Eu tinha postado um texto de *A paixão segundo G.H.*, da Clarice Lispector, e no final dizia: 'Não quero mais ler, parei'. E ele escreveu: 'Não para, não. Essa é a cartilha da paixão, do amor.'"

Lucas já era da música, Letícia ainda especulava sobre esse mundo. Em uma entrevista a Bruno Capelas, no site *Scream & Yell,* em 2012, Lucas explica: "Mais filosoficamente, acho que esse projeto é o diário da Letícia que caiu na minha vida com a música, caiu no meu caldeirão de coisas. As composições são assim também." E Letícia completa falando sobre esse encontro deles: "Tenho um cara do meu lado que é talentoso, que me dá segurança, que toca fodasticamente bem. Ele cria todo espaço pra que eu me encontre, pra que eu me situe enquanto cantora. Nem sei se sou tão cantora assim. Nunca estudei música, ainda estou aprendendo bastante. Então o fato dele ser fodão me ajuda muito." O encontro era ideal naquele momento, e juntos eles se completavam (sem conto de fadas, mas quase como um) na vida e na arte.

O primeiro show como Letuce foi em 2008, com uma banda cuja formação ainda não tinha bateria. Depois desse primeiro show, Lucas ouviu, um dia, em um festival, um baterista arrasando em sua performance e foi ver quem era. Foi uma grande surpresa quando reconheceu um ex-aluno de Petrópolis, das antigas, de quem tinha sido professor de práticas em conjunto. Lucas tinha dado aula, na época, para ele e para os dois irmãos mais velhos, que não seguiram na música. O nome dele era Thomas Harres, e tocava na época com uma banda chamada Fidjus de Cabo Verde. Logo depois desse encontro, a bateria eletrônica de Letuce deu espaço ao jovem talento, que passou a integrar a banda com Rodrigo Jardim no baixo e PCatran no teclado. Essa formação durou pouco tempo, pois logo entraram Fabio Lima no baixo, que ficou até o final da banda, e Arthur Braganti, que entrou para a formação no último disco da Letuce e ficou para a próxima história que contaremos aqui, que é por onde vamos, daqui a pouco, começar.

Ainda seguindo com a banda Letuce, eles lançaram o primeiro disco, chamado *Plano de fuga para cima dos outros e de mim*, em 2009, um álbum com doze músicas, sendo duas regravações: "Acontecimentos", da Marina Lima e do Antonio Cicero, e uma versão em francês para "Caso sério", da Rita Lee e do Roberto de Carvalho, batizada no disco de "Sérieuse affaire". As outras dez canções são autorais e mostram o início dessa parceria duradoura de Letícia Novaes e Lucas Vasconcellos na composição, na produção e no palco. Chamava atenção desde o começo o pensamento fora da caixa na composição das das letras e na performance no palco, além da paixão de um encontro com o qual a plateia ou se identificava, ou desejava muito se identificar. A capa do disco é uma foto do casal embaixo d'água se beijando. Com esse primeiro álbum, eles conquistaram um público indie carioca e fizeram o primeiro show em São Paulo em um lugar pequeno, chamado +SOMA, no dia 20 de março de 2010, com umas poucas pessoas na plateia e algumas matérias em jornais e blogs, como o da Marina Mantovanini, chamando os dois de "um casal apaixonado com vontade de esbanjar esse sentimento", e outra no Guia da *Folha de S.Paulo*, escrita por Fabio Rigobelo, cujo título era "Namorados se unem no projeto Letuce", comparando o casal a Rita Lee e Roberto de Carvalho.

Nas outras vezes que voltaram para São Paulo, no Tapas, na rua Augusta, e no importante Prata da Casa, do Sesc Pompeia, Letuce já tinha conquistado um público um pouco maior pelo MySpace, rede social de música e ferramenta popular na época. Prata da Casa é um projeto que recebeu muitos artistas da música brasileira em início de carreira, como: Russo Passapusso, Marcelo Jeneci, Fabiana Cozza, Rômulo Fróes, Silva e O Terno. Idealizado em 1999 pela equipe do Sesc Pompeia,o projeto acontecia na época às terças-feiras com shows gratuitos.

Depois, em 2012, veio o segundo disco: *Manja perene,* composto em sua maioria por parcerias de Letícia e Lucas, umas outras com Thomas Harres, e uma canção de André Dahmer. O nome do disco chamava atenção pela ousadia de pensar em um relacionamento pra sempre, e o resultado das composições mostravam justamente o oposto: ficava no ar mais uma pergunta interna sobre esse tal perene do que uma afirmação. Aparecia, nesse trabalho, principalmente nas letras das canções, um casal com uma relação de já alguns anos. O pensamento fora da caixa que tinha se destacado desde a estreia da banda permanecia lá como marca registrada, junto com o amor e o humor, então já mais marcados e mais definidos como linguagem.

O terceiro e último disco da banda foi o *Estilhaça,* lançado em 2015, com produção do João Brasil, num novo momento: o casal havia anunciado em 2013 a separação no relacionamento amoroso. Especulava-se muito na época, depois do fim do namoro, sobre o término da banda, que veio a acontecer no ano seguinte, em novembro de 2016, no Festival Circuladô. Esse disco começou a abrir o espaço para a diferença entre os dois artistas, questionando o amor no momento do fim. E é aqui que está o momento escolhido. Aqui sim nós chegamos ao começo dessa história. Vamos começar pelo fim.

PARTE I

ANTES DO *CLIMÃO*

1. O início no fim

Era domingo, 27 de novembro de 2016, o dia do encerramento da banda Letuce, o dia marcado para o final dessa jornada. O último show aconteceu no coreto da Praça São Roque, em Paquetá, no Rio de Janeiro, como parte da programação do Festival Circuladô.

"Amigos, ontem celebrei finitude, essa coisa tão temida e esquecida. Disfarçamos que não vamos morrer, disfarçamos que nossa relação não vai acabar, disfarçamos que não vamos nunca mais voltar num lugar ou numa pessoa. Celebremos sempre (ops) o PRA SEMPRE, o FOREVER, e eu mesma, olha que ironia ou que acaso, fiz um disco chamado MANJA PERENE. Não era exatamente uma celebração, eu pedia para todos olharmos para o eterno, o perene. Ontem, eu convoquei pessoas a irem numa ilha celebrar o ponto final. E pessoas foram. Fizeram a travessia. Celebramos Paquetá pitoresca, criticamos a Baía de Guanabara imunda." — Letícia Novaes refletiu, escrevendo no dia seguinte ao fim, em suas redes sociais.

Antes, no dia anterior... tinha passado um pouco das 15h daquele dia 27 quando a banda entrou no palco para dar início ao último show. O espetáculo final da banda começou com a faixa "Todos querem amar", última canção do último disco da banda, o *Estilhaça* — o trabalho mais coletivo deles, com composições assinadas por mais integrantes, e não mais tão centrado no casal. No caso da música que abriu o show, uma parceria entre Lucas, Letícia o baterista Thomas Harres e o baixista Fabio Lima. Desde o início da apresentação, as quase mil pessoas presentes acompanharam, em um coro apaixonado, todas as canções, enquanto eles pulsavam, com mil sentimentos controversos e, claro, também muito emocionados naquele palco.

Depois da primeira música, veio "Quero trabalhar com vidro", também do último disco, e então Letícia falou: "Queria muito agradecer a travessia de todos, literalmente a travessia. Dizer que é um show muito importante pra gente. É muito linda a continuidade de todas as coisas, a gente sempre sonha com o perene de tudo, mas também é muito bonita a finitude. Então, queria que a gente enxergasse um pouco a beleza das coisas finitas também, até porque nada é eterno, né? O YouTube tá aí, o Spotify tá aí, os CDs estão aí, então, que lindo." E, assim, celebrando a finitude, o show seguiu com todas as músicas cantadas por toda a plateia, do jeito que sempre deveria ser, como se fosse a última vez. Então, em dado momento, Lucas e Letícia ficaram a sós no palco, a banda saiu e eles se sentaram na beira do coreto e fizeram algumas canções lá do início da trajetória de oito anos, que se encerrava ali. Juntos, eles e plateia cantaram "De mão dada", "Ballet da centopeia" e "Potência", uma das poucas músicas do repertório da banda que abre com Lucas cantando sozinho dois versos: "Você vezes você, quanto que dá?/ Você vezes você, quanto que dá?" Ele cantou o primeiro e, no segundo, disse: "Nem preciso cantar", e a plateia assumiu espontaneamente o papel que já tinha sido só dele.

No momento seguinte, a banda voltou ao palco para mais uma parte do show, que retomou com "Pra passear", composição de Lucas e Letícia que abre o segundo disco, *Manja pe-*

rene. Veio, então, "Areia fina" — única canção em que Lucas assume a voz principal nos três discos — e Letícia, no show, se junta a ele na tão simbólica frase: "Tudo que é perfeito dá defeito cedo ou tarde." "Binóculos", uma potente canção do primeiro disco, cujo os versos repercutiram nas redes sociais para falar sobre o término deles e da banda Letuce. O mais usado pelo fãs era: "De todas as coisas, eu espero que você permaneça." Nesse momento Letícia dedica a música a todos os fãs, enquanto olha nos olhos de cada um dos presentes.

Em "Lugar para dois", também do último disco, Letícia desce do coreto para se aproximar do público e abre, então, lugar para o distanciamento entre Lucas e ela. Aqui vale confessar que esse distanciamento já estava acontecendo durante todo o show, mesmo com a proximidade física causada pelo pouco espaço no palco, instalado no coreto da praça. Claro que o afastamento ficou mais evidente aqui após anos de tanta proximidade na carreira, e aqui cabe um trecho da canção perfeita para o momento: "Onde ainda não fomos é o lugar para dois." Para quem tinha acompanhado outros momentos da carreira deles, ficava corporalmente claro o fim — Lucas estava nesse show muito mais voltado para a banda, enquanto Letícia estava muito mais voltada para a plateia. Aliás, nesse momento em que ela desce do coreto e a distância fisicamente se materializa, sentimos quase um alívio, e ela e o público ritualizam em um momento especial cantando e girando ao redor do palco/coreto.

Em mais um discurso, Letícia disse, então: "Gratidão. Eu sei, eu sei que as blogueiras estão usando, mas é real. A gente já fez show em lugares na Lapa que chamavam Mofo, e não era à toa, era porque tinha mofo. Que horror. Desculpa se o dono estiver aí, mas era mofado. E as pessoas iam. As pessoas iam de madrugada. Vocês, né? Vocês são as pessoas. Vocês foram no Circo [Voador] quando eu jurei que ia começar às onze e começou meia-noite. E era dia de semana. Vocês estavam lá. Então, eu só posso realmente me utilizar da palavra que tá em voga, que é 'gratidão'. Mas, que bonito que uma coisa tão bonita tá na moda. Muitíssimo agradecida por... cara, foram oito anos, Brasil. Oito anos! Hoje em dia as coisas duram dois meses. Obrigada. Lucas, fala alguma coisa..." Ele, então, prontamente sinalizou um não com a cabeça e faz um gesto para que ela continue, e ela continua, se dirigindo a ele: "Você é mais conciso." E ele, então, não se aguenta e diz: "Como ser conciso? Num momento como esse não é concisão, é o momento só da emoção. Não tem concisão num momento desse. Tem cisão. Isso é uma beleza da vida também. Se desloca e se transforma. E frequenta novos lugares." Era essa separação que estávamos sentindo desde o início do show.

No meio de tanta emoção alguém da plateia grita: "Vou chorar", e Lucas responde: "Não chora, não. A vida é assim desde que a gente nasce. Desde que a gente pretende estar vivo. O mundo é nascer e morrer. Boa sorte para todos e boa sorte para tu", ele diz, olhando rápido pra Letícia, e os dois quase rompem o distanciamento estabelecido durante esse último show e, numa tentativa de reencontro, se abraçam. Ela chora contida enquanto é aplaudida e diz: "Foi lindo. Foi maravilhoso. Foram tantos verões... na Cinemathèque, naquele terracinho [do Espaço Acústica]... Gente... Foram muitas aventuras. E a gente tá se aproximando do fim. E é isso, gente, é isso, é isso, é isso, maravilhoso ser isso. Vamos viver isso."

Letícia tinha razão em seu depoimento, porque viver isso talvez fosse o único fim possível para uma banda que escancarou um relacionamento, o abriu para uma plateia que quis entrar e o viveu quase coletivamente em uma performance. Como disse Letícia em uma entrevista em junho de 2009 para o *Urbe*, do Bruno Natal: "Letuce é minha banda natural, exposição espontânea de um casal que faz música em casa, no seu cotidiano apaixonado, e aos poucos mostrou para amigos, colocou no MySpace e *voilá*: pediram shows. E lá fomos nós, naturais, fazer. São músicas que falam de amor, lugar-comum, mas ainda assim, um lugar inesgotável." Foi inesgotável enquanto durou, e a volta para um show de comemoração de 15 anos da banda em dezembro de 2024, com shows em São Paulo e Rio de Janeiro é prova que o inesgotável ainda dura. *Manja perene*?

No show de encerramento da banda, foram 23 músicas no repertório, e a canção final foi "Mergulhei de máscara". No começo da execução da última música, a plateia começou a gritar clamando em uníssono: "Show na barca, show na barca", implorando pelo extra e pensando na volta de Paquetá para o Rio de Janeiro. No palco, eles riram, e Letícia encostada com a cabeça no coreto, vendo o mundo de cabeça pra baixo, só disse: "Recomendo", fazendo referência a ver o mundo ao contrário. Talvez, sem escutar o pedido da plateia, começou a cantar: "Essa música não tem/ nenhuma grande sacada/ nem frase de efeito/ nenhuma mirabolância/ eu só quero lembrar do dia/ em que eu mergulhei de máscara/ a gente não sabe de nada." E no fim, sem saber de nada, Letícia se sentou no coreto e disse: "Até a próxima. Transformados em outras luzes, em outros lugares." Terminou com um *mosh* na plateia — nada de novo, uma vez que ela costumava fazer isso com um colchão inflável em vários shows da banda, mas aqui ela mergulhou sem o colchão que a protegia. Não tinha mais como se proteger. Como se fosse possível se proteger no fim...

Quando o show acabou, eles pegaram a barca das 20h30 de volta para o Rio de Janeiro: se perdessem essa, a outra só sairia às 22h. Então todo mundo que estava lá correu e entrou na balsa junto. Ainda eufóricos com tudo que tinha acontecido, Letícia e Lucas subiram para o segundo andar, onde tem um bar. Os dois se sentaram, as pessoas foram chegando e logo se juntaram em volta deles. Os dois, então, atenderam os pedidos feitos antes da última música no show do coreto, pegaram o violão e começaram a fazer quase todo o repertório que não tinha sido executado no palco, entre músicas autorais e pagodes que eram feitos na época do Churrasquinho Sunset, um projeto de releituras de pagodes famosos que eles apresentavam em temporadas em lugares como Cinemathèque e o terraço do Espaço Acústica. O repertório era amplo, com umas cinquenta versões feitas ao longo dos anos. Assim foi durante todo o trajeto rumo à Praça XV, que durou cerca de cinquenta minutos. Cinquenta minutos extras para o fim, uma travessia feita como um epílogo, um bônus.

"E aí que a vida é real e de viés (vê só que cilada o amor me armou), Paquetá inteira foi voltar na barca de 20h30, e a gente também, claro. Eis que um mar de gente, literalmente nos entrega os olhos, o cérebro e o coração, pra gente fazer um show acústico na barca. Cantamos músicas que não havíamos cantado no show, relembramos as antigas, as mais calminhas, relembramos a época do Churrasquinho Sunset. Parecia um navio pirata, como alguém disse. Parecia a volta da excursão do colégio. Parecia uma nave. Foi uma pausa no tempo. Nunca tinha cantado navegando. E vocês sabem minha piração com o mar e, mesmo ali sendo baía, um dia já teve golfinho, vocês bem sabem, mas 'Agora é tudo a gente, agora é tudo a nossa casa'. Me cito porque estou celebrando o fim dessa banda que me trouxe um mundo de sensações. Virei mulher, virei adulta, aprendi, desaprendi, decorei, esqueci." Palavras de Letícia em redes sociais.

Quando aportaram no continente, os dois se perderam de vista, Letícia pensou "bem, é a vida, a despedida já foi" e saiu para beber com umas amigas que estavam em outra vibração. Então, ela foi pra casa, chorou, com certeza chorou, agradeceu por tudo e pensou: Bem, é a vida, a despedida já foi. E foi assim que Letícia dormiu cheia de futuro e acordou com 39 graus de febre.

2. A gravação do disco *Em noite de climão*

Depois do fim da banda Letuce, cada um dos integrantes seguiu seu caminho com seus projetos. Letícia tinha tomado uma decisão de destino movida pelo forte desejo de continuar fazendo música e cantando. Fazer música era agora uma necessidade e uma das principais formas através da qual ela se entendia no mundo. Mas nada foi tão imediato e nesse pós-fim já havia algumas ideias de inícios. Claro que alguns momentos de ansiedade rondaram a artista naquele momento, mas nada diferente do que já estava acostumada.

A ansiedade maior estava presente fora da cabeça da artista, em rodas de fãs e adoradores da banda Letuce, e também em papos de jornalistas e especialistas em música, onde circulava um sentimento de dúvida, expresso em perguntas como: e agora? O que vai acontecer? Será que Letícia continua na música? Será que ela vai fazer shows como Letícia Novaes? Ela vai continuar no palco? Será que Letícia seguirá sem Lucas?

Importante frisar aqui que não surgiu para ela, nesse momento, nenhum pensamento megalomaníaco, não tinha nada planejado ou almejado como *agora eu volto, me lanço na carreira solo e faço muito sucesso* — era mais um desejo de continuidade de um ofício. "É isso que eu sei fazer, então continuarei com uma nova banda, num novo momento, fazendo o trabalho que sei fazer." Afinal, depois de nove anos com a banda Letuce, já existia uma prática de música muito vivida em casa, no trabalho e no relacionamento com Lucas Vasconcellos. A música era agora algo muito recorrente e que já fazia parte do modo de vida da Letícia.

O pensamento, aquela ideia inicial do que viria a ser Letrux, na real antecede o fim do Letuce. Veio antes, lá por volta de 2015, época em que Letícia já tinha um Snapchat (rede social que se tornou popular no Brasil entre os anos de 2016 e 2017), assinando Letrux. Mas, afinal, de onde veio esse apelido?

Arthur Braganti, grande amigo, produtor e músico, foi quem deu esse apelido pra Letícia. Antes da persona, o apelido — ou o apelido que surge através da persona. O nome já rondava forte a artista, que, logo após o término da banda anterior, pensou muito sobre como assinar o disco solo, talvez usando seu nome de registro, Letícia Novaes? Ideia que foi descartada em segundos, pois Letícia sempre gostou de nome artístico pra palco. "Fernanda Montenegro se chama Arlete, é genial, eu acho que protege alguma coisa!", confidencia Letícia, aqui sem nenhuma proteção.

Bom frisar que Letícia Novaes tem um comportamento repetitivo na hora de escolher nomes de banda e trabalhos a partir do prefixo do seu nome Let, que em inglês é *to let* e significa permitir que algo aconteça — a artista, desde o início de sua carreira musical, tem esse jeito de deixar as coisas seguirem o fluxo. Sua primeira banda, ainda na juventude, no Rio de Janeiro, chamava Letícios. Depois veio Letuce, de que muito já falamos por aqui, e depois Letrux. Outra curiosidade do nome escolhido para o trabalho é um desejo de o nome terminar com a letra "X", como a fênix, um pássaro da mitologia grega que morre e renasce. Letrux é renascimento, é uma cantora que se transforma e se lança em carreira solo, e é também uma personagem escolhida pra ser vivida numa longa trajetória.

Falando em personagem, é muito importante falar sobre a carreira teatral da Letícia Novaes, que assim que saiu da escola foi fazer faculdade de Letras — Português e Literatura. A escolha foi tomada pelas referências que tinha na família. Não havia nenhum artista, teatro não era uma carreira possível e, mesmo se fosse, ela não sabia se queria. Já tinha feito teatro na época da escola quando uma prima próxima e muito amada falou: "Você vai fazer isso para o resto da vida." Letícia achou a frase forte, mas como tinha apenas 13 anos, seguiu com ela na cabeça, sem levar muito a sério.

A mãe da Letícia, que também tinha feito faculdade de Letras, foi percebendo que aquela escolha não era muito boa para a filha, e a matriculou na Casa das Artes de Laranjeiras, a CAL, no curso técnico de teatro. Letícia nunca tinha ido ao bairro das Laranjeiras: tinha que pegar um ônibus, um metrô e outro ônibus. Ela foi para a aula de teatro pensando: Será?, e no primeiro dia de curso já estava completamente encantada. Foi, então, naquele momento, aos 19 anos, que começou uma importante jornada de descoberta artística. "Cheguei num lugar. É isso que eu quero da vida", foi o sentimento descrito por ela daquele momento.

Ela se formou na CAL, fez umas peças infantis, algumas participações em séries, em novelas, tudo muito pequeno, como o papel que fez de uma paraguaia deportada, na novela *América*. Fez também algumas peças, uma ponta aqui, outra ali, aí fez um papel no cinema, no filme *Qualquer gato vira-lata*, como a melhor amiga da protagonista, interpretada por Cleo Pires.

Não parece muita coisa, mas é imprescindível grifar a importância do teatro em sua carreira. Letícia sempre diz que é a cantora que é por causa do teatro, porque estudou corpo, porque estudou voz, cena, espaço e tudo o mais que encontrou em sua formação.

Após essa volta teatral, e desvendada a origem do nome Letrux, vem imediatamente a pergunta: *Mas e o Climão?* Claro que também tem a ver com a dupla de amigos Letrux e Arthrose (apelido dela para Arthur Braganti)... Letícia estava vendo um site de fofoca ou algo do tipo e se deparou com uma "notícia" hilária — um casal de atores aparecia cabisbaixo, andando no Rio de Janeiro, e o texto falava da "noite de climão" que eles estavam passando. Ela riu muito da expressão utilizada pelo jornalista e mandou para Arthur. Os dois começaram a gargalhar e passaram a usar ainda mais a expressão "climão", que já aparecia bastante nas conversas entre eles. Letícia tem esse encantamento com palavras e seus diversos usos. Depois, em algum momento Letícia disse ao amigo que eles deveriam fazer um disco chamado *Em noite de climão*, no que ele logo concordou e completou, incentivando: "Vamos nessa. Você tem muitas músicas e temos que fazer mais."

O primeiro encontro do que seria o *Em noite de climão* aconteceu entre Letícia e Arthur que queriam se inscrever em editais. Quando procurou o parceiro, ela já tinha uma ideia de textura, de clima, de ambiência e do que dizer também. Já tinha uma ideia dramatúrgica do que viria a ser o "climão", que não era sobre dor de cotovelo, mas sobre o deleite de estar na fossa — a dor como temática, mas junto com dança, timbres, teclados. Foram, no total, três tentativas frustradas de editais: Natura Musical e dois editais culturais do Rio de Janeiro. Não passaram em nenhum. Para contar direitinho a história, no Natura Musical, passaram por duas fases e, na última, não foram escolhidos.

Mas foi a partir desses lampejos, e do esforço inicial feito para colocar no papel as ideias, que o projeto foi ficando mais visível, mais desenhado. Mesmo sem nenhum edital, era certo que um novo trabalho estava surgindo e a vontade de fazer acontecer já estava criada. Letícia começou, então, a reunir algumas composições que estavam espalhadas em caderninhos, bloquinhos e áudios de celular que ela tem o costume de gravar, algumas vezes em momentos inusitados, como durante uma caminhada. Quando ela tem esses flashes de ideia e está em movimento, grava no celular e, prevenida que é, logo manda o áudio para o próprio e-mail, para não correr o risco de perder junto com o celular, caso perca o aparelho.

Para o pontapé inicial do trabalho, era preciso arrumar esse material, que estava todo espalhado em cadernos, e-mails, áudios. Aos poucos, ela começou a mostrar umas coisas para o parceiro Arthur e, juntos, eles começaram a "brincar" com o que tinham em mãos.

Antes do início dos editais e da ideia sólida de ter um projeto chamado Letrux, Letícia experimentou por aí outras aventuras que devem ser contadas. Esse foi o caso com o Tru e Tro com sua Corja em: Desfrute ou Frite, um espetáculo que unia no palco teatro, música, performance e outras loucurinhas mais — o que acontecia ali era realmente um experimento de cruzamento de diversas expressões. Desse projeto, faziam parte Letícia Novaes e Arthur Braganti (dupla já conhecida por aqui) e também Lôu Caldeira, Paulo Ho e Thiago Vivas, então seu namorado.

Aproveito aqui para abrir parênteses para um momento inesquecível que aconteceu em um show do coletivo Tru e Tro no palco do auditório do Sesc Vila Mariana em São Paulo, em julho de 2014. Em certo momento da performance, um dos artistas entrava em cena com uma plaquinha escrita "fumaça": era parte da representação cênica do espetáculo, em vez de fogo, a placa escrita representando o fogo. Só que, no exato momento em que isso aconteceu, o alarme de incêndio do Sesc disparou e tivemos todos que sair do auditório. Eu estava presente nesse dia junto com um amigo jornalista. Sem entender o que estava acontecendo, ficamos sentados enquanto os bombeiros e a equipe do Sesc evacuavam a plateia. Só fomos embora quando o moço falou: "Vocês precisam sair agora, estamos em um procedimento de emergência." Todo o público foi para a calçada da rua Pelotas, em frente ao Sesc. Não só a plateia do show, como também elenco/banda e Letícia, com um longo e branco vestido de noiva. Assim que a questão que disparou o alarme foi resolvida, voltamos para o show um pouco desconfiados e sem entender o que estava acontecendo, afinal parecia que vida e arte tinham se encontrado no momento ideal — veio a palavra "fumaça" no cartaz e o alarme disparou. Quando sentamos para a retomada do show, Letícia começou a cantar "Puro teatro", música que ficou conhecida na voz da cantora cubana La Lupe e cuja letra diz: "Teatro/ Lo tuyo es puro teatro/ Falsedad bien ensayada/ Estudiado simulacro." Até hoje não sabemos o que realmente aconteceu naquela noite em São Paulo.

Enquanto esses novos formatos eram testados em palcos, em Letícia surgia um pensamento de que não seria uma boa ideia sair de uma banda criada a partir de um relacionamento amoroso para entrar em outra também com um companheiro. Ela não queria repetir um padrão, e naquele momento ela estava em um romance com o músico Thiago Vivas.

Enquanto vivia essas e outras aventuras musicais, o *Climão* se desenhava em paralelo e, num primeiro momento, Letrux chamou a também cantora Mahmundi para produzir o disco. Isso, ainda lá atrás, naquelas tentativas de editais. Como os projetos iam sendo reprovados, o assunto foi sendo meio deixado de lado. Coisas da vida, só não rolou...

Foi aí que Arthur Braganti assumiu de vez a produção musical do *Climão*, mas, como não era algo que já tivesse feito profissionalmente antes, ele sugeriu trazer mais alguém para trabalhar junto no disco solo da Letrux. Ele assumiria o lance, mas gostaria de uma parceira nessa empreitada. Letícia logo concordou em chamar mais uma pessoa, mas frisando que gostaria que ele continuasse assinando a produção, pois, além de ele ter toda a criatividade necessária, a produção não é só técnica. E não que a produtora que entraria para dividir a função com ele tivesse só técnica, muito pelo contrário, a escolhida para o trabalho também era uma artista infinitamente criativa, mas a prioridade na hora da escolha era alguém que soubesse realizar.

E foi nesse momento que se juntou à dupla a guitarrista Navalha — na época, Natália — Carrera, que já tinha experiência em produzir sua banda anterior, Pessoal da Nasa. Mariana Leivas, produtora executiva, que na época trabalhava com Letuce, convidou a Navalha para o último show da banda — aquele no qual já mergulhamos aqui, em Paquetá. Mas ela não voltou na barca nem puxou assunto, curtiu o show sem procurar Letícia no final — achou estranho falar do próximo trabalho no encerramento do anterior.

Aqui fica claro que na vida é tudo misturado e, na tentativa de escrever essa história, a linearidade se estabelece de alguma maneira. Mas é difícil precisar o início da ideia Letrux, a ordem das criações, dos convites e das ideias. Não teve o fim para o começo. O fim foi acontecendo ao mesmo tempo que era costurado por novas ideias, novos projetos, momentos diversos e muitos novos começos.

As composições do *Climão* estavam sendo feitas e as ideias já borbulhavam antes mesmo do fim da banda Letuce. Em 2015, Lucas Vasconcellos começou a tocar com a Legião Urbana na turnê comemorativa dos trinta anos da banda, com os integrantes originais Marcelo Bonfá e Dado Villa-Lobos, além de André Frateschi como vocalista. Foram muitos shows da Legião, e nesse momento, talvez, Letícia tenha começado a sentir que a sua banda estava acabando.

Foi 2015 que ela lançou o primeiro livro, chamado *Zaralha: Abri minha pasta,* pela Editora Guarda-Chuva, e começou a se arriscar em shows sozinha. Em março de 2016, fez um show em São Paulo, no Auditório do Sesc Vila Mariana e, nesse show, Letícia, na época com cabelos bem curtinhos, tocou a música "Amoruim", parceria dela com Thiago Vivas, que entraria anos depois no disco *Climão*. Nesse show do lançamento do livro, o repertório variado incluía também canções que ela curtia, como "Zodiacs", conhecida na voz de Roberta Kelly, e algumas outras composições. Nesse show, ela tocou piano de cauda, e o cenário era apenas uma projeção no fundo do palco, onde se via projetado seu mapa astral. Esse dia, na plateia estava o DJ Zé Pedro, que já estava bem de olho no que Letícia viria a fazer na tal esperada carreira solo — e que logo mais retornará nessa história com um papel importante.

Mas, antes, vamos voltar à entrada da produtora Navalha Carrera: a guitarrista já era fã do último disco do Letuce, o *Estilhaça*; estava presente naquele último show e assistiu a um show solo da Letícia no Teatro do Sesi do Rio de Janeiro, no dia 17 de dezembro de 2016, dentro da curadoria do diretor teatral e dramaturgo Diogo Liberano. Essa apresentação única levou o nome de Esse Ano Foi Muito Louco — claramente fazendo referência a 2015, que estava acabando e realmente tinha sido muito louco mesmo no Brasil. O ano tinha sido marcado por muitas manifestações e o golpe parlamentar contra a presidenta Dilma Rousseff — o vice Fora Temer tinha assumido o cargo. Nessa apresentação, Letícia tocou piano, guitarra, fez karaokê e uma baita bagunça no palco. Quando terminou, Navalha Carrera teve a certeza do tamanho da artista e *frontwoman* com quem ela estava prestes a trabalhar. Navalha foi até o camarim, deu parabéns e disse algo como: "Putz, quando vi que não ia ter banda, fiquei apreensiva, mas o show começou e você realmente me conquistou." O show abria com uma composição de Letícia que também estaria no *Em noite de climão* anos depois, "5 years old", com ela deitada no chão tocando sua guitarra, o pedestal totalmente abaixado, quase como que deitado ao seu lado. No telão estava projetado o título do show — "ESSE ANO FOI MUITO LOUCO".

Depois do encontro e da certeza de que seria ela, Letícia ligou para Navalha e juntas foram assistir ao show da banda do Lourenço Vasconcellos — Letícia tinha visto o garoto num show de Juliana Linhares, Duda Brack e Julia Vargas, chamado Iara Ira — e achava que era o baterista ideal para o novo trabalho dela. Nesse show, que era feito em formato circular, em uma arena com o público em volta, Letícia sentou bem atrás do baterista e ficou muito impressionada — ainda mais quando descobriu que ele era Áries com Áries, o que, segundo Letícia, é muito fogo; não à toa, desde a primeira vez que o viu tocar ficou hipnotizada. E das coincidências da vida, ainda mais quando são as astrológicas, que Letícia tanto ama, Lourenço nasceu em 12 de abril, no mesmo dia em que Thomas Harres, baterista da banda Letuce, que a acompanhou por tanto tempo. Talvez esse tenha sido o sinal esperado pela artista de que estava certa na escolha.

Lourenço já tinha escutado falar de Letícia e de Letuce, mas nunca tinha ouvido o som. No início de 2017 recebeu uma mensagem no Facebook, rede social mais utilizada na época, em que Letícia se apresentava e o convidava para tocar juntos no primeiro trabalho solo dela. O primeiro encontro entre eles foi num café em Botafogo e, logo de cara, ele achou Letícia uma pessoa bem hilária e muito maneira. Quem não acha?

Para fechar a banda faltava alguém para tocar baixo, e Arthur sugeriu o jovem artista Thiago Rebello, que já tinha feito substituições na banda Séculos Apaixonados, da qual Arthur fez parte — Thiago tocava baixo, apesar de na época ser oficialmente guitarrista. O Séculos Apaixonados era uma banda indie, forte no circuito carioca, formada por músicos que tocavam com muita gente. Por isso, Gabriel Guerra, vocalista da banda, armou uma estratégia: ter um arsenal de músicos com mil possíveis formações. Calhou de Letícia assistir ao show da banda três vezes na vida, e nas três vezes o baixista ser o Thiago Rebello. Coincidências, caso existam. Ou seja, ela nunca viu o show com a chamada banda oficial. Sendo que num desses shows do Séculos Apaixonados a que ela foi tinha na plateia apenas umas dez pessoas, entre elas: a namorada do Rebello, o pai dele, Letícia e a cantora e compositora — e quase produtora do *Climão* — Mahmundi.

Rebello é o baixista oficial do *Em noite de climão* e dos discos seguintes da artista. Ele, que não tinha ideia de que poderia ser um músico profissional, aprendeu isso vivendo o *Climão* — "Foi a Letícia, com o *Em noite de climão,* que me autorizou a ser músico." E essa autorização é sentida por ele através da história desse encontro e convite. Thiago estava um dia no trabalho, fazia edição de vídeo numa produtora no Humaitá, no Rio de Janeiro, numa vida um pouco burocrática de escritório, produtora, vai e vem de HDs, computadores e ilhas de edição. Até que um dia chegou a tal mensagem no Facebook vinda da Letícia, e Thiago levou um baita susto, pois só tinha falado com ela, e muito pouco, em duas ocasiões. Quando ele abriu a mensagem encontrou um texto lindo convidando para participar do primeiro disco solo dela. Ninguém tinha ideia do que seria, mas Rebello sabia, desde o princípio, que aquilo iria dar certo e que sua carreira musical estava prestes a mudar. A mensagem do convite informava também um valor para cachê de gravação do disco, e como ele nunca tinha recebido salário para tocar, ficou tão surpreso que respondeu: "Eu super topo e não preciso nem receber, eu faço por amor."

No primeiro encontro com Navalha para conversar sobre o disco, Letícia já tinha um prazo definido e um conceito. O prazo era curto e o conceito, fazer músicas gostosas, dançantes e com um pouco de fossa — frase que foi depois tão bem utilizada no *crowdfunding:* "Onde a fossa dança e o gozo dói." Sonoramente já tinha também muitas referências musicais, como disco music, hip hop, R&B, e citou, em específico, uma música da banda Trupe Chá de Boldo, chamada "Na garrafa", lançada em 2012, no disco *Nave manha,* com produção de Gustavo Ruiz.

O prazo era o meio de 2017 e o motivo é maravilhoso: uma vez que não tinha edital, nem gravadora, nem patrocinadores, nem nenhuma imposição comercial, Letrux queria que o disco fosse canceriano. O prazo estava escrito nas estrelas.

O primeiro material com que Navalha teve contato foram algumas demo gravadas por Letícia com Arthur, tudo muito básico, alguns acordes e ela cantando por cima. A imagem que vem forte desse início de processo é que Navalha entrou num barco andando e foi entendendo durante os ensaios e os encontros as gírias, frases e piadas internas dessa dupla afiadíssima e com anos de amizade e entrosamento. Mas a sagitariana, observadora e piadista, entrou bonito, e o resultado é claro no disco.

Esse processo foi um momento de renovação, no qual Letícia estava buscando e encontrando uma nova turma artística. Tudo era possibilidade, e rolou. O trio deu uma rápida liga.

Depois da banda montada, conceito amarrado e prazos definidos, foram duas semanas de fevereiro de 2017 alternando os ensaios na casa da Navalha Carrera e na do Arthur Braganti. Três pessoas diferentes afinando a sintonia e explorando os pensamentos criativos em processo. Então, em março, a banda toda finalmente se encontrou para ensaios no Estúdio DRS, na Glória. Foi algo como uma semana ou dez dias para se prepararem para a gravação que aconteceria em abril. Todo mundo pegou muito rápido, todo mundo tomou gosto pelas músicas e, ao mesmo tempo que criavam e produziam, iam se conhecendo e também afinando as relações.

Quando chega o mês de abril, a banda completa volta a se reunir para gravar *Em noite de climão* no estúdio Toca do Bandido, fundado pelo produtor Tom Capone, construído em um refúgio cercado por Mata Atlântica no meio do Rio de Janeiro. Foram oito dias de gravação em duas partes — sempre de quinta à domingo. O engenheiro de gravação foi Raphael Dieguez, que eles conheceram no estúdio no momento da gravação, mas que tinha sido muito bem recomendado. Raphael também não conhecia a artista, só Navalha, com quem já tinha trabalhado antes. Quando entraram no estúdio já estavam com tudo muito amarrado, muito ensaiado. Foi um processo de gravação muito compartilhado por toda banda, em que Letícia sempre soube o que queria e ao mesmo tempo nunca engessou ninguém na criação.

Foi tudo tão despretensioso, que só tem um vídeo da gravação desse disco, um vídeo feito pela Letícia, uma transmissão no Facebook da banda batendo palmas em "Além de cavalos", que é uma composição dela e do Lucas Vasconcellos. Não tinha fotógrafo no estúdio, não tinha ninguém para filmar, nada disso. Nas pausas para comida e descanso, não existia a atmosfera de um trabalho promissor, era mais uma alegria pelas conquistas musicais diárias atingidas por aquela banda recém-formada. O que tinha ali eram artistas criativos, com liberdade artística e uma enorme vontade de fazer render. "Bota na tua cabeça que isso aqui vai render", já dizia uma de suas canções.

Tinha também, claro, um pouco de nervosismo, afinal, era a primeira vez entrando em estúdio sem o Lucas Vasconcellos, parceiro de banda Letuce, em quem ela tanto confiou desde seu início musical. E a banda ainda não se conhecia direito, estavam todos se descobrindo durante o processo de gravação do disco. Ao mesmo tempo, a cobrança não era tão grande, pois a própria Letícia ainda não se colocava em um lugar tão profissional. Essa mudança de visão de carreira vai acontecer depois do disco lançado.

Vale ressaltar que desde o fim da banda Letuce existia por aí, em rodinhas do mundo independente, burburinhos e especulações sobre o que seria da Letícia sem o Lucas. Um pensamento hoje mais claramente machista, que colocava nele toda a técnica, a razão e o estudo e nela o carisma, a loucura, a emoção, o teatro. Então, será que ela daria conta de seguir sem o "lado profissional" dele? É claro que isso, por mais feministas que sejamos, influencia na segurança na hora de realizar um trabalho: *Será que consigo fazer tudo isso sozinha?* Ao mesmo tempo, foi com ele que ela tanto aprendeu, o que ela mesma reconhece. Importante frisar que isso não era um pensamento dele, muito pelo contrário, mas era sim um disse me disse que rolava em voz baixa, um cochicho nas rodinhas musicais, mas que respingava um pouco na confiança da artista.

Então, esse tempo no estúdio começa de uma maneira um pouco mais nervosa, mas vai ficando leve conforme a criação vai sendo celebrada em conjunto. Letícia não estava sozinha ali no processo, ela tinha ali do lado o melhor amigo, Arthur, que ajudava, guiava, conversava. E que sempre soube que ela tinha plena capacidade de realizar. Surgiram também, durante o processo, alguns momentos de gritinhos e de alegria pós-gravação e também uma aprovação da banda com a artista, um entusiasmo daquele coletivo recém-formado com as composições. Enquanto gravavam, eles riam das letras, eles eram a banda e parte do processo, mas também eram um pouco a audiência. Letícia via que eles estavam gostando, e isso foi tranquilizando Letrux e a deixando cada vez mais empolgada e segura de que conseguiria realizar aquele trabalho que estava nascendo. Letícia em algum lugar também sabia que podia.

Teve um momento no estúdio que Letícia chorou no final da gravação da música "5 years old", quando disse: "Eu aceito minhas outras vidas", frase que fazia parte da cura magnificada que ela tinha feito, um tipo de técnica de cura espiritual que utiliza movimento, respiração e palavra. No dia da gravação, ela contou para banda sobre o processo todo e chorou.

Estava muito calor durante aqueles dias na Toca do Bandido, e Letrux tirou a camisa e gravou com peito de fora a música

“Amoruim”. A cabine de voz era muito pequena, mas, segundo os técnicos, a voz ficaria muito boa, com um eco, um som especial. Letícia estava um pouco claustrofóbica no espaço pequeno, mas acreditou na equipe e enfrentou a dificuldade de peito aberto. Nessa gravação, teve também um momento de muita emoção e algumas lágrimas rolaram.

O disco teve backing vocal de Ana Claudia Lomelino, artista carioca conhecida como Mãeana, Duda Beat e Martha V na música “Que estrago”, parceria da Letícia com a poeta Bruna Beber. Ana estava puérpera, com um filho de poucos meses, o Sereno, que foi com ela até o estúdio e ficou no colo da Letícia enquanto elas gravavam. Duda Beat ainda não tinha lançado seu primeiro disco, mas já estava cantando, e Letícia adorava a canção da qual ela participou no disco de 2013 do cantor e compositor Castello Branco, *Serviço*. A música chama “Céu da boca”. No dia, Duda chegou para gravar e eles ainda estavam terminando outra faixa, mas as outras backing vocals já estavam lá, ficou brincando com Sereno, filho da Mãeana. Martha V foi chamada pela produtora Navalha, pois estava ficando claro que, para reproduzir o disco no palco, eles precisariam de mais uma pessoa, pois na gravação foram usados muito canais de guitarra e teclado — Martha V seria a pessoa ideal, já que também tinha experiência como backing vocal. Tem aqui um detalhe que não deve pintar à toa: Martha estava junto com Navalha no último show do Letuce lá em Paquetá.

No dia da gravação, Martha ficou muito impressionada com essa faixa específica, pela qualidade musical, além de se identificar muito com essa música lésbica tão importante. De cara sacou que tinha algo especial ali, e confessou que foi difícil a gravação dessas vozes, pois faltava fôlego para cantar o “Deda, deda,

deda, deda, deda, dedada/ Molha, molha, molha, molha, molha, mulher molhada." Quem já cantou junto sabe bem como é.

Outra participação muito especial no disco é da cantora, compositora e uma das mulheres mais importantes da música brasileira: Marina Lima. Ela canta com Letrux na faixa "Puro disfarce". O primeiro contato entre elas aconteceu na época do MySpace, com a banda Letuce, quando Letícia gravou uma versão para "Acontecimentos", parceria da própria Marina com Antonio Cicero. Depois disso, alguns encontros, e um dia Marina a chamou para fazer uma letra com ela para um disco de inéditas. Fizeram então a canção "Mãe gentil" — aproveitando o espaço, Letícia a convidou para participar do *Climão* e Marina prontamente topou. Um belo encontro de duas grandes. Marina gravou as vozes em São Paulo e enviou para Letrux.

O processo todo correu e, no último dia de gravação, o engenheiro de som Raphael Dieguez, que já tinha trabalhado em vários discos, indicado ao Grammy Latino duas vezes, disse que eles reservaram um tempo para ouvir o trabalho e conferir o que faltava, e confessou que que ficou arrepiado algumas vezes na audição: "Tinha a certeza de que tínhamos um grande disco."

Novas ideias surgiram também na pós-produção do disco algumas faixas tiveram que ser regravadas. Navalha gravou guitarras em cima, Arthur gravou teclados, Raphael Dieguez gravou uns instrumentos, mas o disco já estava quase finalizado quando esse processo foi encerrado na Toca do Bandido.

Depois que o disco estava gravado, ele foi para mixagem e masterização com Emygdio Costa, que tinha sido indicado por Lucas Vasconcellos — eles já tinham trabalhado juntos no segundo disco solo do Lucas, lançado em 2015, o *Adotar cachorros*, que Emygdio tinha coproduzido, mixado e masterizado. O primeiro encontro pra ouvir o material gravado com ele foi no apartamento da Navalha Carrera, e nesse momento Letícia reforçou muito que não queria fazer um disco que soasse tanto como rock, queria fugir um pouco da herança da banda Letuce e para ela era muito importante que a voz estivesse bastante clara e inteligível, era importante que as pessoas entendessem com muita clareza as palavras ditas nas letras das canções. A mixagem foi feita no home estúdio do Emygdio, o Capivara Estúdio, e uma vez por semana o trio Letícia, Navalha e Braganti ia lá pra alinhar e afinar o trabalho feito pelo produtor.

Para a capa, Letícia escalou uma velha parceira visual, a fotógrafa Ana Alexandrino. Elas foram juntas para o terraço da casa da avó Marphisa que mora numa coberturinha no bairro da Tijuca, no Rio de Janeiro. No financiamento coletivo, Letícia tinha esquecido de calcular valores relacionados à capa, como estúdio para a foto, mas isso foi muito bem resolvido na locação da casa da vovó. Apesar das grades, telhas e redes que dificultavam um pouco, Letícia agachou em uma parede neutra e a foto foi feita.O cabeleireiro Rodrigo Bastos fez maquiagem e cabelo. No dia das fotos, não tinham nada definido, nenhuma ideia prévia do que queriam ou do que poderia ser, e fizeram, então, algumas fotos pensando no processo. Para fazer a capa, Letícia chamou a artista Mariana Abasolo, que tinha feito a capa do disco *Manja perene*, da banda Letuce. A capa final foi resultado de um processo bem conversado, Letícia não mandou músicas do novo disco para a artista visual, porque ainda não tinha nada pronto, logo, ela partiu do nome do trabalho e das coisas que Letícia tinha contado. Mariana mandou algumas opções de capa, mas, quando Letrux viu o vermelho, disse: "A cor é vermelho: é paixão, é amor." Na capa, o olho foi reforçado pela designer, e o corpo foi recortado em partes e colocado em preto e branco na capa do encarte e na contracapa interna do álbum físico. Na finalização da arte, consideraram que o disco já era tanta coisa que optaram por uma capa mais básica.

Quando o disco ficou pronto, os dois produtores Arthur Braganti e Navalha Carrera e a coprodutora Letícia Novaes ficavam ouvindo o material em casa e uma música que incomodava a todos era a composição de Letícia, chamada, na época, de "Alinhamento inocente" — a primeira música gravada no processo, logo que os três se encontraram pela primeira vez. Mas, conforme eles foram gravando as outras músicas, essa primeira ficou um pouco datada, foi a música do encontro, ironicamente a canção real do alinhamento de sintonia entre eles. No resultado final, eles acharam que tinha soado "muito rockinho" e naquele momento não era isso que queriam. Depois de verbalizado esse incômodo, eles ainda voltaram para o estúdio para tentar regravar guitarras e também a voz, para tentar salvar a canção. Mas, a música não melhorava dentro do que queriam, e Letícia, então, recorreu aos seus métodos mais místicos, pegou o pêndulo e perguntou: "Essa música deve ficar no disco? Sim ou não?" Como repetidas vezes o pêndulo disse não, aí não teve jeito, estava decidido, e a música caiu fora do disco.

No entanto, naquele momento, o disco já tinha sido enviado com todas as faixas, inclusive essa que caiu fora, para duas pessoas que trabalhariam no álbum pronto em diferentes vertentes. Um deles era o DJ Zé Pedro, dono do selo que lançaria o trabalho. A outra é esta que vos escreve, que estava responsável pelo *release* do lançamento.

O Joia Moderna é um selo que foi lançado em 2011 pelo DJ Zé Pedro, esse apaixonado por música brasileira e também especialista. Um selo com um catálogo diverso e já fundamental para nossa música. Em 2013, o selo lançou o disco *Agenor*, um trabalho idealizado pelo DJ, com canções de Cazuza e curadoria da jornalista Lorena Calábria. Vários artistas regravaram esse compositor fundamental e, entre eles, a banda Letuce, que gravou no tributo a canção "Não amo ninguém", parceria de Cazuza com Frejat e Ezequiel Neves. Depois dessa primeira aproximação, Letícia leu o mapa astral do Zé Pedro e eles foram se aproximando — feito o mapa, ela enviou uma mensagem pelo Facebook: "Fiz seu mapa, mando para um e-mail?" E seguiu com: "E outra coisa: um dia vamos fazer um disco? Cantora Letícia, risos. Ainda tô matutando, mas te caçarei." Ele respondeu: "Meu amor, esse disco solo é constante assunto na tua roda de fiéis, e eu sempre pondo fogo! Deixa Letuce sair com as glórias que merece e vamos partir pra esse abraço solo."

Quando Letuce acabou, eles conversaram sobre fazer algo mais dançante e solar, e ela sumiu um tempo e apareceu com o *Climão*, com banda, com tudo pronto, e ele levou um susto: "A sensação que eu tive com *Simples como o fogo*, primeiro disco da Marina Lima, foi a mesma que eu tive com o disco *Em noite de climão*", contou o DJ visionário.

E, voltando ao "Alinhamento inocente", música não lançada por Letrux, reforço a sorte que foi o DJ Zé Pedro ouvir a canção, pois anos depois sugeriu que Fafá de Belém a gravasse no disco *Humana*, de 2019 — uma versão maravilhosa com produção musical de Arthur Nogueira e lançada com o nome "Alinhamento energético". Essa mudança de nomes é um tanto quanto inexplicável, pois Zé Pedro nunca viu o nome anterior, embora Letícia ache que enviou o título junto com a canção. Como a música ficou nessa corda bamba um tempo, pode ser que até o nome tenha se transformado antes do envio final. Para

Letícia, o que rolou com essa música foi destino, pois o que Fafá de Belém fez com ela foi muito especial. A letra de "Alinhamento energético" é muito potente e tinha tudo a ver com o momento que começamos a passar em 2016: "Se você achou que ano passado foi intenso/ Cê não sabia de nada, inocente/ Cê não sabia de nada." Quando foi lançada em 2019, era o momento perfeito para ela. Aqui não podemos deixar passar batido o fato de que até a sobra do disco da Letrux era muito especial e tinha potencial para permanecer.

Agora, lembrando em retrospectiva tudo o que aconteceu no feitio do disco, desde a percepção da necessidade de início de um novo projeto até a busca de repertório, formação da banda e a realização do disco, um longo e intenso caminho foi percorrido. Algumas inseguranças, mais de fora do que dentro, e finalmente a realização.

O que aconteceu e é contado é o que fica na história, e a história tem muitas camadas. O processo do início ao fim da gravação, sem conseguir determinar direito onde estão esses marcos, aconteceu mais ou menos assim, sem muito planejamento estratégico, mas com uma vontade de criação plena, foco no trabalho e sem objetivo final focado apenas em sucesso ou mercado. Em um momento de renascimento e transformação individual e muito voltada à formação de um novo coletivo, essa nova persona chamada Letrux mostrou o que sabia fazer muito bem e veio para marcar a história da música brasileira e mudar de patamar dentro do mercado.

E foi assim que, com a banda inicialmente alinhada, disco gravado, mixado, masterizado, capa feita, selo escolhido, ordem das músicas definidas, que o disco estava pronto para nascer no mundão sob o signo de Câncer, assim como desejou sua criadora, uma capricorniana obstinada.

3. *O crowdfunding*

Entre idas e vindas nessa história não linear, é importante dedicar um capítulo ao financiamento coletivo, modo de captação que possibilitou que o disco fosse feito.

Depois de algumas tentativas, sem sucesso, de busca de patrocínio e inscrições em editais, a vontade de fazer e a ideia do que poderia ser o disco já eram reais, assim Letícia resolveu que era hora de aparecer para o público em um pedido de financiamento coletivo para o disco *Em noite de climão*. Não era o previsto inicialmente, tanto que tentou vários editais, mas era o jeito de fazer acontecer.

Na época, Letícia detestou, e muito, a ideia. Ela já tinha feito duas obras através de financiamento: o segundo disco da banda Letuce, *Manja perene,* e o livro *Zaralha: Abri minha pasta*. No momento das inscrições nos editais, ela estava muito esperançosa de que finalmente passaria em algum, afinal, já havia conquistado um público com a sua banda anterior, tinha um reconhecimento da crítica e um público considerável formado, que estava ansioso pelo trabalho solo. Mas... não. A vida tem dessas coisas, como sabemos, e ainda mais a arte. Não rolou edital, nenhum deles, e ela seguiu para o financiamento coletivo, que, na época, além de pessoalmente já muito utilizado, era um modelo um pouco saturado. Muitos artistas estavam usando essa ferramenta, que já passava a ser vista meio como "fora de moda", o que fez com que Letícia ficasse bem apreensiva pela sua escolha.

O termo *crowdfunding* foi criado em 2006 por um americano chamado Michael Sullivan, mas a prática já era utilizada em eventos filantrópicos. O Catarse, que foi a plataforma utilizada por Letícia, entrou no ar no Brasil em janeiro de 2011 com um manifesto, dizendo que o site tinha nascido de uma dor: ver gente brilhante com projetos engavetados. Esse era o caso aqui. Muitos projetos artísticos deixam de acontecer por falta de verba. Até faz um pouco parte do trabalho do artista essa conquista do modo de fazer.

Segundo Amanda Palmer, em seu livro *A arte de pedir*, "*Crowdfunding*, para quem não conhece, é uma maneira de arrecadar fundos para iniciativas de risco (artísticas, tecnológicas, pessoais etc.) pedindo para o povo (*crowd*) contribuir numa grande vaquinha virtual (*funding*)". Claro que nesse livro, que Letícia leu, a autora cita a saturação do modelo: "Como qualquer nova ferramenta de transações, porém, o *crowdfunding* ficou complicado. Virou um Velho Oeste on-line, onde artistas e criadores dos mais variados tipos tentam navegar nessas novas águas estranhas de trocar dinheiro por arte."

Foi então, no dia 1º de março de 2017, data escolhida em conjunto com o astrólogo Dimitri Camiloto, com quem Letícia fazia um trabalho de "alinhamento energético" na época, que ela reapareceu para o público com um vídeo no YouTube. A data foi escolhida nessa consulta astrológica, pois ela achava importante demais esse lançamento — era o início de sua carreira "solo", sua tão esperada volta, e chegando com um modelo tão desgastado de captação de dinheiro, ou seja, ela precisava fazer acontecer. Na época, Letícia estava com pouco dinheiro na conta e gastou o que não tinha para fazer a consulta astrológica, perguntar o que seria de seu projeto e saber qual seria a data ideal para um lançamento de financiamento tão arriscado.

E assim foi. No dia certo, ela voltou em um vídeo de roupa metálica, deitada na Lagoa Rodrigo de Freitas, no Rio de Janeiro: "Olá, criaturas, 2017 chegou e eu me sinto pronta para parir o que eu andei confabulando. Como vocês sabem, eu lancei três discos com a minha antiga banda: Letuce. O primeiro teve 'paitrocínio', o segundo teve *crowdfunding* e o terceiro teve empréstimo divino. Gravar um disco, mesmo que nesses esquemas de estúdio dentro do quarto, exige uma grana. Por trás daquele play no Spotify ou no YouTube, onde for, existem muitas pessoas envolvidas. O mundo atual torna tudo meio mágico, instantâneo, mas, 'hum', como boa capricorniana eu sei que magia é outra coisa. E subir a montanha exige esforço, tempo e pagar equipe, claro. Depois de muito tempo sem compor, apenas matutando, observando e enlouquecendo, eu voltei a fazer música. Chamei uma penca de gente talentosa pra colar junto. O nome do meu esquema é *Letrux em noite de climão*.[1] Preparei recompensas curiosas pra vocês adquirirem: além do próprio álbum, temos horas místicas comigo, piqueniques animadinhos, pistinha no camarim na noite de estreia, show, uma vasta gama... *Letrux em noite de climão* — a fricção entre a fossa e o gozo acontece numa saga romântica desastrosa, atravessada pelos beats que te convidam a dançar essa tristeza. *Letrux em noite de climão* — onde a fossa dança e o gozo dói."

---

[1] Em suas postagens, Letícia, por vezes, usava "Letrux" como parte do nome do disco, mas de acordo com uma declaração da própria artista dada em 17/06/2025, o nome do disco é apenas *Em noite de climão*.

Essa foi a primeira aparição ao público dessa nova persona chamada Letrux e, uau! Era um vídeo dirigido por Clara Cosentino que causou um certo frisson no público e foi muito comentado em redes sociais e rodinhas musicais. A pré-produção do disco já estava rolando, as músicas já estavam selecionadas, mas não tinha nenhum material para mostrar para as pessoas. O vídeo tinha que suprir a ausência do som. As pessoas apoiaram um trabalho que não conheciam, apostaram num disco sem saber o que viria. Não tinha nenhuma música disponível. E o financiamento logo bateu a meta de dinheiro para o disco e arrecadou até mais do que precisava.

As recompensas vendidas partiam de R$ 10, que era um download exclusivo do disco antes do lançamento oficial. Depois seguia assim: R$ 30 para o CD entregue em casa; R$ 40 para download antecipado e CD entregue em casa com dedicatória; R$ 100 para CD e arte exclusiva com caligrafia da própria Letícia de trechos de algumas letras; R$ 150 para hora mística com Letícia (reiki e mapa astral); R$ 350 para show/sarau da Letícia, voz e violão com declamação de poesia; R$ 600 para o piquenique; R$ 3.000 para *pocket show*; e R$ 6.000 para show completo.

A campanha ficou no ar durante 51 dias, de 1º de março a 21 de abril de 2017, e juntou 435 apoiadores, que somaram com a quantia de R$ 37.693, sendo que a meta inicial era R$ 33.000.

No dia 3 de maio, a cantora postou sobre o disco em suas redes, anunciando o lançamento e encerrando o processo de financiamento coletivo que tinha arrecadado mais do que o pedido inicialmente: "Vão ser 12 músicas. No início eram 15. No início eram 300. As mais fortes ficaram. Misticamente 12. 12 horas, 12 meses, 12 signos." Até esse momento não tinha caído a música "Alinhamento energético", que misticamente caiu por decisão final do pêndulo.

Mas, depois do vídeo e do barulho do financiamento, independentemente de se ter comprado ou não as recompensas, criou-se um burburinho e uma expectativa alta para ouvir essa tal de Letrux.

No disco físico, estas pessoas constam no agradecimento: "Agradeço com toda força do meu ser aos 435 humanos que entraram no Catarse e colaboraram para que esse disco pudesse existir. Ou cabiam os nomes, ou cabiam as letras das músicas. Como nossa telepatia anda boa, eu sei que você sabe que eu sei. Muitíssimo agradecida estou. Que força tudo isso!"

Letícia mostrou nesse processo mais uma vez que o público dela permanecia forte, disposto e querendo mais. O modelo de financiamento coletivo podia estar saturado, mas seu carisma e sua criatividade, não. Era realmente um momento de saturação do modelo e ela bateu a meta e conseguiu mais. Sempre mais...

PARTE II

O *CLIMÃO*

4. O lançamento do disco

O disco foi oficialmente lançado no dia 10 de julho de 2017. A produção do álbum é do Arthur Braganti e da Navalha Carrera, com coprodução de Letícia Novaes, lançado pelo selo Joia Moderna.

Mas antes do lançamento, e como já dito aqui, a expectativa toda já tinha sido criada pelo barulho feito com o sucesso do vídeo do financiamento coletivo e pela repercussão que Letícia fez na hora de entregar as recompensas aos apoiadores. Rolaram desde leituras de mapa astral a showzinhos intimistas com piquenique – é importante grifar que tudo isso aconteceu sem que ninguém soubesse o que estava por vir sonoramente. Não existia, até então, nenhuma amostra musical do que viria a ser o disco. A única pista era visual e dramatúrgica, entregue pelo vídeo de pedido do *crowdfunding*. Letícia esteve várias vezes pela cidade de São Paulo para algumas recompensas, como showzinhos em casas de fãs e leituras de mapa astral. Em uma dessas vindas, aproveitou para mostrar algumas das canções gravadas, para a cantora, compositora e musa inspiradora Marina Lima.

Falando em Marina, foi ela também a responsável pela escolha do primeiro single lançado. Durante o processo todo, a primeira escolha era "Noite estranha, geral sentiu", mas quando

Letícia mostrou essa música para Marina, ela achou que a canção era muito épica para um início de álbum, ao que Letícia concordou tanto que essa passou a ser a música de encerramento dos shows a partir de então. "Coisa banho de mar", parceria de Letícia com Arthur Braganti, foi, então, a escolhida para ser o single abre-alas dessa Era Letrux que se iniciava. A música foi lançada no dia 3 de julho e foi a primeira amostra sonora do que seria o disco *Em noite de climão*.

Para não pecar nos detalhes, aqui vamos fazer uma voltinha no tempo, pois muitas vezes foi dito que não havia nenhuma amostra musical para o público antes do lançamento. Mas no dia 3 de março de 2017, Letícia postou em suas redes sociais (na época as mais usadas eram Facebook e Instagram) um pequeno trecho de uma gravação simples da canção "Ninguém perguntou por você", mas ainda sem esse nome definido. O texto usado nas redes sociais era este: "Algumas pessoas estão pedindo pra ouvir algumas músicas do *Letrux em noite de climão*. Babies, estou fazendo *crowdfunding* justamente para poder gravá-las. O que tenho são alguns embriões gravados num microfonezinho. Essa chanson, por exemplo, deve se chamar 'Ninguém perguntou por você' ou 'Conta conjunta com você', nada definido ainda. E pra essa música nascer completa e caprichosa, o caminho é comprar alguma recompensa, ajudando, assim, o disco a vir ao mundo." Isso era o que tinha, além das músicas já tocadas no palco no período experimental entre banda e carreira solo — que já citamos aqui —, mas que ninguém sabia que entrariam.

E assim foi. O disco nasceu, foi lançado e chegou ao mundo com o seguinte anúncio nas redes sociais da Letícia: "Vamos lá: o disco chegou! *Letrux em noite de climão* está entre nós", seguido pela ficha técnica.

Depois de dezesseis dias do lançamento do disco, teve o tão esperado show de lançamento que aconteceu com duas datas na sexta edição do Festival Levada no Rio de Janeiro: dias 26 e 27 de julho de 2017 às 20h no Centro de Música Carioca Artur da Távola, na Tijuca, com curadoria de Jorge Lz. A partir do primeiro show, entrou para a banda a guitarrista Martha V, citada lá atrás nas gravações e a escolhida para conseguir reproduzir no palco o som do disco. Nos shows do Rio, participaram também as cantoras e compositoras Mãeana e Duda Beat, nos *backing vocals* de "Que estrago", a música que elas gravaram no disco.

O show começava assim como o disco, com Letrux falando: "Que engraçado, sobrou tão pouco. Que tragédia, foi tudo tanto. Que engraçado, você não tá louco. Que tragédia, eu tô um pouco." A artista foi imediatamente ovacionada pelo público presente, enquanto a banda atacava a primeira música: "Vai render". *Em noite de climão* nascia ali para o mundo e faria uma linda história dentro da música brasileira. Mas, naquele instante, ainda era uma ideia na cabeça de que isso poderia render.

Depois da primeira entrada, já muito impactante, Letrux declamava alguns textos. O primeiro, que arrancava gargalhadas da plateia, era: "Quem está aí? Quem está aí? É a primeira frase em Hamlet: Quem está aí? Trocentos séculos depois, eu me sinto um tanto quanto constrangida, golpeada, perturbada e, por que não?, curiosa. Eu também tenho vontade, vulgo ganas em saber quem está aí? Eu tenho muita facilidade em ser amiga dos espíritos e muita dificuldade em tolerar as pessoas que ainda não morreram. Os vivos, sabe? Quem está aí? Shakespeare era meu tatara-tatara-tatara-tataravôdrasto. De herança eu fiquei apenas com a dúvida do plágio. Na verdade, meu avô era mordomo do Chacrinha, e uma vez ele deu uma festa, a

Hebe Camargo estava, pisciana maravilhosa, ela era morena e usava bijuterias. Eu era bem criança, criança eu digo fraldas. A Hebe Camargo me deu vinho pra eu apagar, pra eu morrer, talvez. Ela não queria que eu observasse as idiossincrasias que estavam acontecendo na festinha. E eu bebi vinho, bem criança, digo fraldas. Mas eu não dormi, eu não apaguei, eu não dormi. E, ao invés de eu dormir, eu saí perguntando na festinha — 'Quem está aí? Quem está aí?' Essa noite, essa pergunta volta. Mas, de uma maneira esquisita, estranha, porque eu também preciso saber quem está aqui" — ela dizia apontando para si, e então a banda começava a tocar a música "Ninguém perguntou por você".

No começo dos shows eram mais textos, como esse, e com o tempo o formato sem texto foi pintando mais forte. Ela intercalava o teatro que traz na sua história com a música. Tinha este aqui também: "Ultimamente, quando eu olho pra sua cara é como se eu abrisse os olhos debaixo d'água. Eu não vejo nada nítido, nada específico, mas tudo desfocado. Poderia ter até algum animal que me ameaçasse, mas é tudo turvo. Ultimamente eu tenho brincado de cegueira, como seria entrar no mar sem enxergar, como seria nunca mais te ver... Eu vou indo sentindo a água nos pés, nas pernas, no cu, na barriga, no peito, no sovaco, no pescoço. Eu cogito abrir os olhos, para não esbarrar em ninguém, mas eu já estou sendo considerada a nova Mulher de Branco de Ipanema da Tijuca." Letícia se refere aqui a Anamaria Carvalho, cantora e musa da Bossa Nova — falecida em 2023 —, que era frequentemente vista pelo bairro, sempre trajando branco. E Letrux seguia: "Então eu prossigo até que a água tape meus ouvidos, até que a gravidade se ocupe da força, e quando estou quase 'ofelizando' eu abro os olhos embaixo d'água, e eis você, tão bonito, tão feio, tão bonito, tão feio, tão você ultimamente". Depois desse texto vinha mais uma música, "Coisa banho de mar".

No primeiro show, ela fez duas músicas que não eram do seu repertório: "Santo e Demônio", composição do Fagner e do Ricardo Torres e gravada por Amelinha no disco *Flor da paisagem* e também a canção "Not About Love" do disco *Extraordinary Machine*, lançado em 2005 pela Fionna Apple. No show de São Paulo, também entrou uma música de Paulo Sérgio, lançada em 1970, chamada "Não creio em mais nada", cuja letra diz "Há dias na vida/ Que a gente pensa que não vai conseguir? que é bem melhor deixar de tudo e fugir/ Que outro mundo tudo vai resolver", e assim segue entre a fossa e o gozo. A opção por cantar músicas que não são composição da artista, quando ela lança um trabalho autoral, serve meio que para mostrar ao público de onde vieram suas inspirações. E, no caso das três escolhidas para o *Climão*, elas estavam muito bem encaixadas na dramaturgia do espetáculo que Letrux estava lançando.

Nos agradecimentos do primeiro show, Letrux sozinha no palco começava: "Uma vez eu fui chamada para participar de um curta-metragem, ou filme curto, e eu e esse ator... esse cineasta desse filme, desse filme curto, ele é renomado hoje em dia — já adquiriu imóvel, então...ao passo que eu e ele a gente ainda divide miojo e lata de sardinha. Era uma cena dramática, era um reencontro de um casal. Quando os cineastas que hoje em dia são renomados, mas na época não eram, falavam 'Ação!', a gente não conseguia, a gente ria, a gente chorava, a gente cuspia, a gente mijava, a gente cagava, a gente passava mal, a gente passava bem. Esse filme não existe, mas ele existe e ele está aqui: Arthur Braganti" — e assim era apresentado seu parceiro, produtor, músico e grande amigo.

Para apresentar a banda, ela seguia com textos bem-humorados e carinhosos, demonstrando muito da dinâmica que estava se estabelecendo naquele coletivo recém-agrupado, mas já mais alinhado depois do processo de gravação e cheio de amor para dar: "Diretamente de um mundo onde monstros e gênios são as mesmas pessoas, eu lhes apresento ele com as onomatopeias rítmicas mais furiosas da língua portuguesa. *Talent himself*: Lourenço Vasconcellos." E a plateia aplaudia calorosamente, enquanto ela emendava: "Diretamente de um mundo onde a existência é a liberdade principal para se comunicar, eu lhes apresento ela, mente brilhante e mãos sofisticadas: Natália Carrera" (como já foi mencionado, na época ela ainda assinava com esse nome que, posteriormente, foi substituído por Navalha). Mais aplausos e Letrux ia: "Diretamente de um mundo onde a juventude vai nos ajudar com moralismos e controle remoto, eu lhes apresento ele, com toda sutileza que do baixo pode baixar, lhes apresento Thiago Rebello." E, aí claro, mais aplausos, que faziam cama para mais uma apresentação: "Diretamente de um mundo onde as águas profundas são habitáveis, eu lhes apresento ela, nossa coringa talentosa, escorpiana intensa, Martha V." Aplausos e mais aplausos vindos de uma plateia em êxtase. Assim, a trupe toda era apresentada e dessa maneira também Letícia mostrava não só sua nova fase, mas também como a sua banda escolhida vivia um momento pleno de muita conexão, entrega e encantamento uns com os outros e com o próprio trabalho, com aquilo que estavam apresentando ali e pelo qual tinham se apaixonado, com uma dramaturgia também muito bem costurada.

Letrux encerrou o lançamento, claro que muito emocionada, dizendo ainda nos agradecimentos que: "Todo show de música é um show de mágica — a gente ensaia, conversa, combina, e vocês não veem os truques. Isso me emociona muito, então queria agradecer toda minha banda por esse show de mágica que fizemos agora, agradecer todo mundo que veio. Muito obrigada." E ainda seguia mais e mais agradecendo fortemente cada um dos envolvidos e apresentando a equipe toda. *Em noite de climão* estava no mundo. Estava no palco. Tinha rolado, *ia render*, e isso já parecia não ser mais só coisa da sua cabeça.

Foram dois dias lotados no Rio de Janeiro, mas, como era no bairro em que ela nasceu e viveu boa parte da vida — na Tijuca —, aquilo era um pouco previsível. O lugar do show também não era tão grande, o espaço tinha capacidade para 154 pessoas. Então, se juntarmos os fatores da estreia, era meio esperado que estivesse lotado: ela tocou em casa, em um momento importante da carreira, no dia da esperada estreia de sua renovação, a tal chegada da carreira solo e em um lugar com capacidade não tão grande. Não teve, então, surpresas, tanto que no dia seguinte saiu na coluna social do jornal *O Globo* uma pequena matéria que prova essa intimidade do momento e que tinha como título: "Com a vovó Régia na plateia." O texto contava da performance musical/teatral da Letícia Novaes, que tinha assumido agora a identidade de Letrux, e finalizava com este trecho: "Tijucana com orgulho, a cantora estava feliz pelo show no bairro. 'É especial estrear esse trabalho na casa mal-assombrada' contou ela, referindo-se ao Centro de Referência da Música Carioca, que, no passado, era um imóvel abandonado. 'Queria agradecer ao planeta Terra, a todos vocês e a minha avó Régia, que sofreu um infarto anteontem e tá aqui', disse." O clima de estreia era esse de proximidade e vizinhança, e, mesmo tendo sido um show bem legal, não dava para a artista perceber que algo de especial e duradouro estava brotando. Era aquilo que ela esperava desde o começo: a continuidade do ofício que ela já exercia, mas agora em uma nova fase.

Depois da estreia carioca, uma pendência que já vinha de antes, que era buscar um lugar para estreia em São Paulo, ficou mais urgente. Sempre bom relembrar que não era ainda um esquema de produção superprofisional, que funcionava no automático (se é que isso existe), e as tentativas de fechar show na capital paulista acabavam não dando em nada.

As dificuldades foram aparecendo: a banda recebeu negativas até dos lugares mais óbvios para receber o show na capital paulista, até que Alexandre Matias, que é jornalista musical, curador/artista, um cara que está na música há muitos anos — e que, claro, já estava ouvindo falar do tal *climão* pois já acompanhava a carreira da Letrux desde antes. Ele já tinha trocado com ela em diversos momentos do processo, como no financiamento coletivo, na gravação do disco solo e, aos poucos, foi ouvindo as músicas antes do lançamento, até que recebeu o disco inteiro e sacou o que estava por vir. Em 2017, Alexandre Matias tinha assumido a curadoria de música do Centro Cultural São Paulo, o CCSP, importante instituição pública subordinada à Secretaria Municipal de Cultura do município de São Paulo. Nos três primeiros meses, depois de assumir a curadoria musical do CCSP, Matias tocou a programação que já estava planejada e passou um semestre entendendo as questões burocráticas de um aparelho público. O show de lançamento da Letrux foi um dos primeiros programados e idealizados por ele — a expectativa era grande.

No dia do show, ela chegou em São Paulo mais cedo para gravar o programa que apresento e de que sou curadora na TV Cultura, o *Cultura Livre*, que foi ao ar no dia 5 de setembro do mesmo ano. No repertório gravado no programa, as músicas escolhidas foram: "Vai render", "Ninguém perguntou por você", "Coisa banho de mar", "Hypnotized", "Flerte revival" "Noite estranha, geral sentiu" e, na faixa bônus, a canção "Não creio em mais nada", de Paulo Sérgio. Logo após a gravação, a banda seguiu de van para montagem e passagem de som no Centro Cultural. Tudo no mesmo dia. Tinha que otimizar a vinda para São Paulo, que foi muito bem aproveitada.

O show marcado para 10 de agosto de 2017, uma noite de lua cheia, abriu vendas e esgotou relativamente rápido. No dia chamava muito a atenção dos jornalistas, da banda e até da própria artista, a idade do público, pois eram, na maioria, mais jovens. Desde o começo do show, rolou uma cantoria em uníssono muito alta, eles tinham decorado todas as músicas com apenas um mês de lançamento do disco. Foi mesmo muito impressionante como a plateia cantava tudo junto com ela numa celebração muito surpreendente para a artista e também para todos os que estavam presentes. A plateia estava lotada de jovens, de outros artistas — alguns mais conhecidos e outros ainda começando —, jornalistas e críticos musicais. Ficava mais claro do que no show do Rio de Janeiro que algo especial estava rolando naquele momento.

O show aconteceu na Sala Adoniran Barbosa, que tem o palco baixo, quase na altura da plateia — um degrau acima apenas —, que fica numa semiarena com dois andares. Estava totalmente lotado. A apresentação seguiu o roteiro do show de estreia no Rio, também com muitos gritos e aplausos. Talvez mais até do que na estreia carioca. Quando deu "Boa noite", alguém da plateia rebateu com um: "Boa noite, deusa." Letrux, então, abaixou o rosto e disse rindo: "Que besteira." E seguiu com: "Nós estamos aqui e vocês estão aí. Muitíssimo obrigada. Alguém quer um gole de Campari? Mentira. Eu não sei ainda o que tá acontecendo, mas pelo visto é música, pelo visto é um show." E aí veio a canção "Puro disfarce".

Em outro momento do show, ela agradeceu mais uma vez o público, falando de sua travessia até chegar lá: "Queria muitíssimo agradecer a presença de todos, estar aqui foi uma saga. Tô achando muito curioso vocês estarem aqui." Claramente, Letrux e sua banda estavam emocionados e surpresos com a reação tão calorosa da plateia na estreia paulista.

Desde a estreia no Rio, o figurino da banda era todo vermelho, seguindo a capa do álbum e o disco tinha esse tema. Era um trabalho sobre amor, tesão, paixão, e a artista logo pensou que a roupa dela tinha que ser vermelha e, como estaria vestida assim, avisou a banda, dizendo que eles poderiam tentar usar a cor, e assim foi.

No momento do lançamento, essa era a explicação para a definição do figurino escolhido e da cor vermelha, mas conforme o Brasil foi — qual termo usar aqui? Que difícil —"pirando" politicamente, a escolha pelo vermelho ganhou tons políticos, de resistência, luta e necessidade urgente de se posicionar em meio ao caos criado. Escolha acertadíssima para o que viria no país.

Naquela noite de estreia em São Paulo, além do espetáculo, o único climão que se estabelecia é de que algo muito diferente estava brotando e que certamente o refrão "Bota na tua cabeça que isso aqui vai render" já não era um mantra e sim o que aconteceria mesmo com o disco. Em entrevista à revista *Vice*, depois do show de lançamento, Letrux tenta explicar o encantamento: "Impressiona a hora que a música faz a ponte. Porque eu estava em casa tocando violão, deixando fluir umas ideias e, de repente, 600 pessoas cantando comigo aquilo, eu panico um pouco. Acho lindo e fico 'uau'."

Naquela noite em São Paulo tudo era "uau".

Para quem começou sem pretensões de uma explosão, de atingir tal nível de mercado ou algo do tipo, ouvir seiscentas pessoas cantando junto era realmente uma surpresa e um forte sinal de que algo grande tinha sido criado. A pista estava dada. Ia render.

5. Repercussão

Logo que o disco foi lançado, em 10 de julho de 2017, nas plataformas de *streaming* — que já dominavam o país desde 2014 e estavam se tornando a principal forma de ouvir música — e também em CD físico, pelo selo Joia Moderna, aquele do DJ Zé Pedro, o disco começou a circular bem nas redes sociais. Como o anúncio do *crowdfunding* já tinha sido feito bem antes e gerado muito envolvimento, todos já sabiam que o disco estava para chegar. Então, no dia 6 de junho de 2017, a artista, ainda sob o nome de Letícia Novaes, postou no seu Instagram uma foto com a seguinte chamada: "*Letrux em noite de climão*: em breve nas melhores drogarias" — anunciando que o momento do disco chegar ao mundo estava se aproximando.

No momento do lançamento do disco, já estávamos todos vivendo com intensidade a vida através das redes sociais, e os compartilhamentos, curtidas e comentários já tinham se tornado maneiras de medir sucesso e repercussão de um trabalho. Não tanto quanto hoje. Mas muito. Dito isso, é importante destacar que as legendas e o modo de escrever e se comunicar de Letícia sempre foram um diferencial na sua carreira — tanto as escolhas das palavras como o modo "fora da caixa" de pensar presente em sua obra e que se estendia para seus textos nas redes sociais e suas respostas dadas em entrevistas — esse jeito sempre causou um encantamento pela artista nesse lugar do diferente, e um diferente que não é performado, é realmente o jeito dela. Quando contamos anteriormente sobre o processo de criação, formação da banda e escolhas estéticas, fica claro a espontaneidade dela e o modo de pensamento a que me refiro.

Aí seguimos para uma data importante, a troca de personas na rede: no dia 18 de junho de 2017 Letícia postou uma foto da Susan Sarandon com um belíssimo maiô vermelho, anunciando que seu perfil no Instagram iria mudar de nome, passaria por um processo de "fenixização" (palavra usada por ela, claro) e se transformaria em @leticialetrux. Nesse mesmo post, anunciou: "Aviso também que na primeira semana de julho, *Letrux em noite de climão* pinta por aqui. Tenho ouvido aqui em casa e penso, apesar dos arrepios internos que jamais serão tratados, que é a melhor coisa que já produzi na vida. Ouriços e emoções."

Então, os dias de lançamento se sucederam em pequenas amostras. Cada dia era liberado um pouco do trabalho, a tal da estratégia de lançamento, tão pensada nos dias de hoje para que a repercussão seja maior. Mas, naquele momento ainda não havia na banda e na equipe recém-formada um pensamento tão planejado — mas mesmo assim as datas foram pensadas e escolhidas seguindo intuições, vontades e, claro, o calendário astrológico, pensando em como prolongar a expectativa e gerar novidades para compartilhamentos.

No dia 26 de junho saiu a foto da capa do disco, no dia 3 de julho foi divulgado o primeiro single escolhido, "Coisa banho de mar", uma parceria de Letícia com Arthur Braganti, e, finalmente no dia 10 de julho, saiu o disco na íntegra. E a tal repercussão fracionada de lançamento nas redes obviamente refletia na repercussão fracionada nos meios de comunicação, que foram dando esses lançamentos conforme aconteciam — ou seja, pensou-se também em prolongar a notícia. Um jornal deu a capa em primeira mão, o outro, a estreia, outro, o single, blogs e páginas mais independentes repercutiam, até que veio o disco todo.

A capa foi lançada na coluna "Vitrola", do Thales de Menezes, no jornal *Folha de S.Paulo*, com a seguinte legenda: "Esta é a capa de *Letrux em noite de climão*, álbum solo de Letícia Novaes, que cantava na banda indie Letuce. A proposta é uma revisão dançante da new wave." Quando postou a notícia em suas redes, Letrux usou como legenda: "Salu na coluna do Thales de Menezes hoje, na *Folha*. O texto é curioso, Brasil. Mas taí." O termo "curioso" claramente se referia à tentativa de enquadrá-la num gênero revisitado.

Em 4 de julho saiu na coluna "Som a Pino" no jornal *O Estado de S. Paulo,* em um espaço assinado por mim, um texto sobre a estreia da artista em carreira solo: "As expressões e a escolha das palavras na composição são tão charmosas, tão únicas, que incentivam o ouvinte a pegar cada lance. A voz, a melodia, o canto falado, a fala, tudo isso a aproxima muito do ouvinte."

No dia 9 de julho, um dia antes da estreia, saiu uma matéria no jornal *O Globo,* assinada pelo jornalista Leonardo Lichote, cujo título era: "Em sua estreia solo, Letícia Novaes dança no climão." O texto era entrecortado por citações da artista, como esta: "Os discos do Letuce são muito solares, eu sou uma pessoa solar. Mas é muito legal brincar de outras coisas. Quando eu era criança, adorava meus brinquedos, mas adorava também ir pra casa do meu primo e brincar com os dele, abrir outros espaços de criatividade. Fiquei com essa fissura de fazer um disco diferente, não tão solar, do riso. Por outro lado, desde 2013 o climão foi começando a ser armado no Brasil e no mundo. Tudo eclodiu no ano passado, hoje a gente tá quase no núcleo da Terra. Só fazemos arte pra delirar, pra sobreviver. *Climão* tem a ideia de nebuloso, sem nitidez. Mas é que nem quando se abre o olho dentro d'água. É embaçado, mas pode se ver beleza. Ou um tubarão", brinca, antes de definir o disco a partir da citação de uma música do Letuce, "'Mergulhei de máscara' — Agora tô mergulhando sem máscara." Nesse depoimento, Letícia fala do climão que havia se instaurado no Brasil desde 2013, quando em junho daquele ano começaram as manifestações contra o aumento das tarifas do transporte público em todo o Brasil. Os manifestantes lutavam contra o aumento de R$ 3 para R$ 3,20, e uma frase que ficou muito forte no momento foi: "Não é pelos 20 centavos." Depois, nos anos seguintes, o Brasil viveu a chamada Operação Lava Jato, e foi piorando cada vez mais. Tivemos ainda o golpe parlamentar contra a presidenta Dilma Rousseff, consequente subida e infeliz fortalecimento de uma extrema direita. Nesse momento do lançamento do disco, já começava a aparecer um cenário preocupante de uma luta contra o extremismo que viveríamos com intensidade no ano seguinte: 2018 — ano que foi marcado pela bizarra eleição presidencial de Jair Bolsonaro, até o momento (não duvidamos de mais nada), o auge desse climão à que Letícia se referia na sua fala na matéria do jornal *O Globo*. Vale relembrar o trecho da música que caiu do disco com ele quase pronto e que já tanto falamos por aqui, "Alinhamento e nergético", gravada por Fafá de Belém: "Se você achou que ano passado foi intenso/ Cê não sabia de nada inocente/ Cê não sabia de nada." Mal sabia Letícia quais eram as cenas dos próximos capítulos quando falou da barra política que vivíamos em 2017.

Seguindo com as matérias e repercussões do disco, logo depois saiu na revista *Rolling Stone Brasil* um texto do jornalista José Flávio Júnior falando sobre o lançamento: "Após três discos com o duo Letuce, Letícia Novaes surge mais dançante na nova encarnação, Letrux, porém investindo nos mesmos jogos de palavras jocosos de antes. Seja para abordar tesão ou falar de separação, ela sempre acha um caminho poético espirituoso" — uma percepção que aparece em diferentes meios e vinda de diferentes jornalistas.

Claro que nem toda repercussão foi favorável, o jornalista e crítico Mauro Ferreira deu apenas duas estrelas para o disco em sua crítica publicada no portal G1: "Gerado por ressaca amorosa, o climão noturno e por vezes soturno de Letrux soa mais envolvente do que as músicas em si, cabe ressaltar novamente. O que deverá manter Letícia Novaes imersa na bolha de proteção que impede o alcance da obra por público mais amplo, fora da rede de amigos", profecia que não se cumpriu, porque depois do pontapé inicial e dos três shows de estreia, sendo dois no Rio de Janeiro e um em São Paulo, o *Climão* começou a chegar em outras cidades do Brasil, coisa que não acontecia muito na época do Letuce. Letrux foi para cidades como Brasília e Belo Horizonte ainda no ano de lançamento, 2017, e no ano seguinte veio o boom de shows, quando Letrux foi escalada para muitos dos festivais que acontecem por todo nosso país e rodou grande parte do Brasil.

Antes de seguirmos, importante contar aqui que, anos depois, no lançamento do segundo disco da Letrux, o crítico Mauro Ferreira, reconheceu que não estava certo em suas previsões na crítica do *Climão*: "Com a edição do primeiro álbum solo, *Em noite de climão*, a cantora e compositora carioca Letícia Novaes contrariou previsões equivocadas — como a deste colunista e crítico musical — e rompeu a bolha amiga em que gravitou o já extinto duo Letuce."

No fim do ano de 2017 começaram a pipocar os prêmios e listas dos melhores do ano, e *Em noite de climão* estava presente em quase todas essas listas e premiações, ocupando posições diversas, mas sempre ocupando.

No dia 24 de outubro de 2017, *Climão* venceu como melhor disco no Prêmio Multishow pelo Superjuri, no mesmo ano em que foi premiada como Canção do Ano "As caravanas", de Chico Buarque, importante composição política e muito representativa do momento que vivíamos. O Prêmio Multishow tinha na época uma divisão entre o que acontecia no palco e numa sala, onde ficava o chamado Superjuri — esse modelo começou na premiação no ano de 2011. Enquanto o espetáculo rolava ao vivo no canal Multishow, com apresentação de Tatá Werneck e Fábio Porchat, um time formado por jornalistas e especialistas do mercado musical discutia, com transmissão ao vivo pelo canal Bis, algumas categorias do prêmio. Em 2017 foram votados: Canção do Ano, Melhor Disco, Artista Revelação, Melhor Capa, Melhor Gravação, Melhor Produtor e Diretor de Vídeo Clipe. O Superjuri dessa edição era formado por Alexandre Matias, Ana Garcia, Claudia Assef, Adriana Couto, Luciano Matos, Marcelo Castello Branco, Miranda, Pedro Seiler, Phelipe Cruz, Sarah Oliveira e por mim.

Após o fortalecimento da internet e o enfraquecimento do monopólio das gravadoras, vivíamos um momento durante o qual o mercado independente se fortaleceu muito em iniciativas como a de Emicida, que vendeu por um preço bem baixo — e vendeu bem pacas — a mixtape *Pra quem já mordeu um cachorro por comida, até que eu cheguei longe,* lançada em 2009, além de tantos outros artistas que criaram suas maneiras de lançar e passaram a ter a iniciativa frente ao mercado ou *mainstream*. Um exemplo claro desse controle de narrativa do mercado independente foi o lançamento do disco *Nó na orelha,* do Criolo, em 2011: muitas gravadoras o procuraram para lançar esse disco, mas ele preferiu seguir de maneira independente, pois elas não agregariam nada ao trabalho naquele momento.

Digo isso para explicar que o Prêmio Multishow era, na época desse início de fortalecimento do mercado independente, desconsiderado por esses artistas, e vice-versa, os artistas independentes eram ignorados pelo prêmio. A partir de 2011, criaram essa divisão do Superjúri, para que os independentes estivessem contemplados de alguma maneira — e essa iniciativa foi descontinuada em 2022, acho que refletindo não apenas a volta de domínio do *mainstream* sobre o independente após os anos de pandemia e de desgoverno Bolsonaro, mas também por conta da chegada de muitos artistas do chamado independente ao *midstream*.

Voltando às listas de melhores e aos prêmios: a música "Que estrago", parceria de Letrux com Bruna Beber, entrou na lista das melhores músicas nacionais do ano pela *Rolling Stone Brasil*, o show esteve entre os melhores do ano na votação feita pelo jornal *O Estado de S. Paulo* e o disco também foi indicado ao prêmio da Associação Paulista de Críticos de Arte, o APCA.

O *Climão* foi lançado em vinil no ano seguinte, em 2018, pela Noize. Teve uma segunda tiragem totalmente independente e a terceira tiragem foi feita em parceria com a Romaria Discos.

No ano de 2017 rolou um boca a boca crescente e o disco foi se espalhando e conquistando novos espaços. Em 2018 o trabalho se consolidou, rodou o país e fez muitos festivais: "As pessoas me perguntam muito o que eu acho que aconteceu. Embora seja dos astros e talvez haja mesmo a tal hora certa, lugar certo, não sei se foi só isso. Foi que nos últimos cinco anos da minha vida fiz sérias investigações anímicas. Baixei a guarda geral, fui até o núcleo da terra da dor, seja pessoal ou de cidadania, me vi como ser humano egoísta, me vi parte de um coletivo, rasguei a cara, analisei os traumas, brinquei com a minha criança interior, mergulhei nos mares, deixei muito choro no fundo do mar, fiz *primal scream* dentro d'água. Aconteceu que eu tive ajuda de profissionais, de amigos, da família, de amores. Aconteceu que poderia ter embrionado, mas não, eu quis expandir. Essa obra, que hoje completa 1 ano de existência, *Letrux em noite de climão*, sou eu me emocionando, sendo aberta e zero cínica com a vida. Fico feliz que o *zeitgeist* tenha ocorrido, fico honrada em saber que a minha voz, uma música que fiz quase explodindo de sensações em casa, seja trilha sonora da vida das pessoas de várias partes do Brasil, quiçá mundo. Música. Minha relação com ela não é fácil. É uma constante catarse, cura, não queria que fosse assim, queria que fosse mais leve e suave, 'Oi, gente, sou cantora, ponto', mas não é. E as pessoas já perguntam muito do Letrux 2 e, babies, 'cês sabem que eu não sou assim, né?' Amo o fora da curva. Talvez ano que vem eu lance meu livro, faça uma peça, preciso de um tempo, sabe? Não vou compor nada à toa ou pra aproveitar a crista da onda. Não tô nessa por isso, não mesmo. Tô nessa pela verdade, pela emoção. Até agora não compus nada novo, então calma. A gente precisa de mais calma. Sociedade excitadíssima, ok, às vezes vai num *flow* a urgência em estar viva, que tesão, mas um pouco de calma cai bem também, até tatuei no pulso" — essa fala foi retirada de um post da Letícia para comemorar um ano do disco. Na mesma época, saiu uma matéria do jornalista Pedro Antunes, no jornal *O Estado de S. Paulo,* na qual Letícia confessava: "Um ano de estrada com *Letrux em noite de climão* me fez perceber que esse disco não é meu, não é da banda, esse disco é do mundo." A celebração de um ano aconteceu no lugar onde a mágica sempre esteve presente, no palco: em São Paulo, foi no dia de 6 de julho de 2018, no Cine Joia, com participação da Luedji Luna, e no dia 13 de julho foi a vez do Circo Voador, no Rio de Janeiro, com participação da Linn da Quebrada e do Bloco Toco-Xona.

Antes de completar um ano do *Climão*, Letícia topou entrar num show coletivo com mais quatro artistas nesse projeto que trazia novas interpretações de músicas antigas questionando o momento atual do Brasil. Em fevereiro de 2018, Letrux fez parte do show Acorda Amor com direção musical do músico e produtor Décio 7 e minha direção artística. Era um projeto político-musical com repertório formado por músicas de diversos compositores que poderiam ter sido feitas naquele momento no Brasil para atravessar o caos na política brasileira com a possível eleição de um cara de extrema direita, Jair Bolsonaro. Danilo Santos de Miranda, diretor do Sesc, definiu o show na época como "um grito de resistência e de afirmação das lutas identitárias que estão na ordem do dia, em busca de tolerância e reconhecimento". O projeto foi feito no Sesc Pompeia, com ideia inicial do programador cultural Devanilson Furlani. O elenco era formado por cinco grandes artistas da música contemporânea: Letrux, Luedji Luna, Xênia França, Maria Gadú e Liniker. Foram duas apresentações no teatro do Sesc Pompeia e depois uma em outubro de 2018, no Circo Voador, entre o primeiro e o segundo turno das eleições presidenciais, que teve Jair Bolsonaro e Fernando Haddad na disputa final. Uma apresentação muito política, com o Circo Voador lotado e com todo público gritando em uníssono: "Ele, não. Haddad, sim." Naquela noite parecia que tudo daria certo. Porém, em 28 de outubro de 2018, Jair Bolsonaro foi eleito presidente do Brasil, com 55% dos votos. O resto é história, ou tentativa de recuperá-la. Esse projeto foi registrado em disco em 2020 e lançado pelo Selo Sesc. Nele, Letrux canta versões das músicas: "Saúde", composição de Rita Lee e Roberto de Carvalho, "Cinco bombas atômicas", de Jorge Mautner e Nelson Jacobina, e "Sujeito de sorte", de Belchior. Além disso, há duas músicas cantadas pelas cinco artistas juntas: "Gente aberta", de Roberto e Erasmo Carlos, e "Cansaço", de Douglas Germano.

Em 2018, Letrux seguiu também sua turnê do disco por todo o Brasil e se posicionou — e muito — politicamente, fez muitos shows, posts e lutou pelo país que acreditava fazendo arte — arte que foi tão combatida e marginalizada depois que a extrema direita assumiu o poder. Um exemplo muito claro disso foi a extinção do Ministério da Cultura em 1º de janeiro de 2019, a partir de uma reforma administrativa de Jair Bolsonaro, mas também houve muitas outras ações, como descontinuidade de políticas públicas, criminalização da cultura e desmonte.

Foram, no total, por volta de 130 shows do *Climão*, incluindo os com formação reduzida e os corporativos. Foi a primeira vez que Letícia foi para o Norte do país: Belém e Manaus. Passou por quase todas as capitais do Nordeste e pelo Sul também. Rodou o Brasil com shows lotados e recepções muito calorosas.

Depois de dois anos na estrada, começou a turnê de despedida do *Climão,* com apresentações em Manaus, Amazonas, no festival Passo a Paço, continuando, também, por outras várias cidades: Maceió, Aracaju, São Luiz, Vitória, Rio de Janeiro, Salvador... Em 28 de setembro de 2019, o *gran finale* chegou a São Paulo, onde Letrux fez um registro audiovisual no Auditório do Ibirapuera, com direção da Tata Pierry. O vídeo foi disponibilizado no dia 19 de dezembro de 2019 no canal do YouTube da artista: *Em noite de climão ao vivo,* com as onze músicas do disco e participações do Thiago Vivas, parceiro na música e no amor, tocando teclado em "Amoruim", e da cantora e compositora Marina Lima, na mesma música de que participa no disco, "Puro disfarce".

Em entrevista a Brenda Vidal, na *Noize,* Letrux fala sobre essa despedida: "Tem sido emocionante se despedir do *Climão*, esse show marcou minha vida! Então, essas últimas apresentações têm tido um gosto especial. Cada letra, cada gesto, cada momento, eu me despeço com muita gratidão por ter vivido tudo isso. Acho que o nosso público sempre foi intenso. Não vejo nenhuma diferença por seremos últimos, desde o início sempre foi assim: plateia no talo, gritando, cantando mais alto, gente fantasiada de mim, (risos) amo muito! Eu e a banda estamos cada vez mais entrosados e nos despedindo juntes desse *Climão* todo."

Ao anunciar o encerramento da turnê de *Em noite de climão*, Letícia já totalmente transformada e atendendo muito mais por Letrux, já tinha decidido como seguir. O que antes era incerto e não imaginado já estava definido naquele momento. E ela encerrou esse longo e tão intenso e lindo processo já anunciando que sairia dessa turnê para a gravação do segundo disco. Esse trabalho partiria de quatro músicas feitas na Grécia durante as férias, uma delas escrita no avião, meio de transporte que antes ela tanto temia e que propiciava momentos em que dava para ter um pouco de paz e, claro, um pouco de medo. Sabemos.

Já com a carreira firmada, tendo rodado o Brasil e formado um público bom, estando em um outro patamar de carreira — bem diferente de onde ela começou — , Letrux seguiu para a feitura do seu segundo disco.

PARTE III

FAIXA A FAIXA

Faixa um: Vai render

(Letícia Novaes e Arthur Braganti)

[Que engraçado sobrou tão pouco
Que tragédia, foi tudo tanto
Que engraçado, cê não tá louco
Que tragédia, eu tô um pouco]

Avisa lá no Centro
Que eu tô a perigo
Tô cheia de amigo
Avisa na Tijuca
Que eu tô a perigo
Tô fula contigo
Avisa pra geral
Que eu tô a perigo
Fugi do castigo

Bota na tua cabeça que isso aqui vai render
Bota na tua cabeça que isso aqui vai render
Bota na tua cabeça que isso aqui vai render
Bota na tua cabeça que isso aqui vai render

Disfarça essa parada
Que eu tô avoada

Andei sequelada
Disfarça no pedaço
Que eu tô avoada
Entrei na roubada
Disfarça lá na praia
Que eu tô avoada
Não sei de mais nada

Bota na tua cabeça que isso aqui vai render
Bota na tua cabeça que isso aqui vai render
Bota na tua cabeça que isso aqui vai render
Bota na tua cabeça que isso aqui vai render

Il y a des personnes que j'aime
Tem as pessoas que eu amo
Il y a des personnes que je n'aime pas
Tem as pessoas que eu não amo
Mais il y a toi que j'aime quelques fois
Mas tem você que eu amo de vez em quando
Ulalá
Eita, ferro

Bota na tua cabeça que isso aqui vai render
Bota na tua cabeça que isso aqui vai render
Bota na tua cabeça que isso aqui vai render
Bota na tua cabeça que isso aqui vai render
Bota na tua cabeça que isso aqui vai render
Bota na tua cabeça que isso aqui vai render
Bota na tua cabeça que isso aqui vai render

Tatua na tua pele
Que eu não vou passar batida na festinha

"Vai render" cedida por Boa Música Brasil e Warner Chappell.

Antes do disco começar, na primeira faixa tem uma fala que abre o trabalho: "Que engraçado, sobrou tão pouco. Que tragédia, foi tudo tanto. Que engraçado, cê não tá louco. Que tragédia, eu tô um pouco" — essa frase abre o disco, mas não está nas plataformas de *streamings*.

O disco já começa com um clima de mistério dançante, e a primeira frase da nova era é: "Avisa lá no Centro que eu tô a perigo". Letrux mostrando a que veio. Essa música partiu da frase: "Bota na tua cabeça que isso aqui vai render", que surgiu em um dia comum, enquanto Letícia lavava louça. Segundo a própria: "Foi uma canção feita num momento de fé, depois de uma fase meio caidinha, achando que as coisas não dariam certo." Essa frase que é meio mantra, uma repetição, meio ameaça, chegou como um samba e ela seguiu repetindo enquanto cumpria sua função caseira. E, depois, surgiram os versos avisando que a Letrux estava chegando, avisa na Tijuca, avisa na geral, avisa pra todo mundo e bota na sua cabeça que isso aqui vai render.

Ao fim dessa primeira faixa, encontramos uma das grandes frases do disco: "Eu não vou passar batida na festinha" — citação tatuada em várias peles de fãs por aí. Uma frase que reforça o modo inusitado e peculiar como Letícia usa as palavras e cria expressões que, como essa, não passam batido.

A música ganhou em 2019 um clipe com direção de Zoe Guglielmoni, lançado bem no momento final da turnê do disco e já nos preparativos para o trabalho seguinte. No clipe, três personagens resolvem se libertar: Magali Biff faz uma dona de floricultura e resolve tacar fogo em todas as flores; Alice Marcone é uma garçonete de patins, cansada de seguir os protocolos; e Karine Telles resolve jogar abaixo tudo que está nas prateleiras do supermercado.

Faixa dois: Ninguém perguntou por você

(Arthur Braganti e Letícia Novaes)

Ninguém perguntou por você
Eu ri, te citei mesmo assim
Como quem não quer nada
Já tive tudo com você
Dois filhos com você
Na minha cabeça com você
Tudo com você
Conta conjunta com você
Suruba com você
Na minha cabeça com você
Tudo com você

Lance livre imaginário
A gente só serviu no sonho
A gente só prestou dormindo
Amor fantasma camarada
A gente só serviu no sonho
A gente só prestou dormindo

Já tive tudo com você
Dois filhos com você
Na minha cabeça com você

Tudo com você
Conta conjunta com você
Suruba com você
Uma planta com você
Cigarro com você
Uma banda com você
Um estresse com você
Um frango com você
Tudo com você
Tudo
Tudo
Com você
Com você
Tudo, com você
Tudo
Com você
Com você
Com você

Essa música foi feita em São Paulo, em 2016, quando Letícia morou na cidade por uns meses. Ela estava no Paraíso, começou a andar na Avenida Paulista para pegar o metrô e essa frase-título veio à cabeça: "Ninguém perguntou por você." Nesse momento ela tinha que entrar no metrô, mas pensou que se seguisse andando a inspiração para continuar a letra viria, e realmente veio. Ela seguiu andando e compondo essa canção sobre paixões platônicas, é uma música divertida e dançante a respeito de tudo que poderia ser um relacionamento e é, só que na nossa cabeça.

O clipe foi lançado no início de 2019, com direção e roteiro de Pedro Henrique França e participação das atrizes Bruna Linzmeyer e Camila Pitanga. Ele se passa numa festa: as duas estão lá se divertindo e se encontram, inicialmente através dos olhares e, depois, em belíssimas cenas de encontros e beijos *calientes*. Só não dá pra saber se isso se passa na imaginação, se acontece de fato ou se Letrux está em casa sonhando com aquilo.

Quando Letrux acorda no clipe ela veste a camiseta do disco *Novas famílias*, da Marina Lima, que faz parte da história do encontro dela com Marina.

Faixa três: Coisa banho de mar

(Arthur Braganti e Letícia Novaes)

Flutuarei no salão
Muitos corpos comigo surfarão
Eu perco a sua mão
Escuto seu não

Coisa banho de mar
Outro corpo com a gente a se molhar
Vai desintegrar no vapor do chão

Em forma de enxurrada
Ela volta depois
Arrasta nós dois
Que brutal esse caldo que você me deu

Rajada de trovão
Ela me joga no chão
Eu sinto a sua mão
Quente, grande e forte, esse raio foi de raspão

Amante estátua de sal
Numa duna gigante uma rival
Meu corpo é o sinal dum novo vulcão

O mesmo banho de mar
Mas agora outra pele pra secar
E eu vou me alastrar no mesmo salão

Em forma de enxurrada
Ela volta depois
Arrasta nós dois
Que brutal esse caldo que você me deu

Rajada de trovão
Ela me joga no chão
Eu sinto a sua mão
Quente, grande e forte, esse raio foi de raspão

Eu vou nadar
Pelada no mar
Água nas partes
Fugir dos desastres
Virar sereia
Te sequestrar
Morrer com você
No fundo do mar

Essa música foi o primeiro single do disco, o abre-alas, a porta de entrada para esse universo do *Climão*. A música inicialmente escolhida para ser o single era "Noite estranha, geral sentiu", mas foi substituída. "Coisa banho de mar" foi escolhida dentre tantas outras por Marina Lima.

Essa música partiu do Arthur Braganti, que mostrou pra Letícia essa canção que falaria alguma coisa do banho de mar, um belo banho de mar. Enquanto não decidia, ele deixou escrito "coisa", e Letícia afirmou, assim que viu: "É coisa banho de mar mesmo, a coisa é a coisa" e ela escreveu a parte final: "Eu vou nadar pelada no mar." Aqui o teclado de Arthur Braganti chama atenção.

Eles tinham ido para Portugal e peceberam que os portugueses usam muito a palavra "brutal", "que roupa brutal", "que show brutal". Por isso Letícia colocou "brutal" na canção. E, no final, ela queria muito terminar com uns gritos, e assim foi.

Essa música tem o primeiro videoclipe do *Climão* com direção da própria Letícia Novaes e do Arthur Braganti, onde ela aparece sozinha de roupa metalizada em uma moto rodeada por fumaça e começa a cantar.

Faixa quatro: Que estrago

(Arthur Braganti, Letícia Novaes e Bruna Beber)

E que estrago que cê fez lá na minha casa
E que estrago que cê fez lá na minha cama

Garota, toma tenência
Garota, me põe pra jogo

E que olhada que cê deu aqui na minha cara
E que milagre que cê fez com as duas mãos

Cuidado, farol tá aceso
Cuidado, maré tá enchendo

Suas pernas cruzadas
Suas pernas abertas
Sua boca lacrada
Sua boca aberta
Seu corpo fechado
Seu corpo por perto

E que sucesso que cê fez lá na minha casa
E que sucesso que cê fez lá na minha cama

Maluca, quero repeteco
Maluca, eu tô na tua porta

Suas pernas cruzadas
Suas pernas abertas
Sua boca lacrada
Sua boca aberta
Seu corpo fechado
Seu corpo por perto

Deda, deda, deda, deda, deda, dedada
Molha, molha, molha, molha, molha, mulher molhada

"Que estrago" cedida por Boa Música Brasil, Warner Chappell e Bruna Beber.

Letícia já estava havia alguns meses com a melodia e a frase "Que estrago que cê fez lá na minha casa" e não passava disso. Já era um sonho antigo fazer uma canção com a poeta e amiga Bruna Beber. Um dia, Letícia foi dormir na casa da amiga, eram duas da tarde, as duas estavam sóbrias e elas se olharam e disseram: "É hoje." Sentaram as duas com seus respectivos caderninhos e fizeram um hit — uma música de amor, tesão e paixão entre duas mulheres.

Na gravação, o coro é formado por Ana Claudia Lomelino, muito mais conhecida como Mãeana, Duda Beat e Martha V.

Depois que a música estava pronta, Arthur achou que tinha que ter uma parte só de sons, uma parte rítmica e aí entrar o "Deda, deda, deda, deda, deda dedada", que encerra a canção genialmente no auge.

O clipe foi lançado em outubro de 2017 com direção de Elisa Riemer e Letícia Novaes.

Faixa cinco: Puro disfarce

(Arthur Braganti e Letícia Novaes)

Puro disfarce, meu verão acabou
Minha hora já deu e eu vou lá
Sorrir, conseguir
Me virar pra sair
O amor pode vir que eu já vou

Foi nessa vida que eu te quis
Da próxima vez venho ao contrário
Venho sem seu aval
Se meu corpo é meu
Ou é do carnaval

Preciso acreditar que a gente vai resolver
Nessa lama, vou pedir socorro agora

Socorro! Socorro!
Socorro! Socorro!

Me lembra que a cena foi
Puro disfarce meu verão acabou
Minha hora já deu e eu vou lá
Sorrir, conseguir

Me virar pra sair
O amor pode vir que eu já vou

Foi nessa vida que eu te quis
Da próxima vez venho ao contrário
Venho sem seu aval
Se meu corpo é meu
Ou é do carnaval

Tantas vezes tantras e tamanhas
Me explica qual vai ser sem artimanhas
Se essa fossa dança e o gozo dói
Meu carma se transforma num herói
Carapuça serve até dormindo
A vida não é caô, vou resumindo
É que pra você eu tiro o chapéu
Além da roupa toda, que escarcéu
E dessa vez sem truques vou querer
Algo que me diga qual vai ser
E se não vem em sonho vou pagar
Remédio terapia e naufragar
Nasci com o cu pra lua e o pé no mar
Remédio terapia e naufragar
Parece que é bad, mas vou adorar
Remédio terapia e naufragar

Essa canção parte de várias anotações de Letícia nunca muito desenvolvidas, para as quais um dia ela resolveu olhar e pensar o que queria falar com aquilo tudo. A partir daí, passou a trabalhar numa letra.

A canção foi composta em parceria com Arthur Braganti e é uma música meio falada, sobre amor de outras vidas, sobre pedir socorro, sobre estar vivo e conseguir não naufragar e sobre amar e não desistir do amor: "Foi nessa vida que eu te quis."

Aqui há a participação especial de uma musa da Letícia e dos fãs da música brasileira como um todo, que é Marina Lima. Desde criança, Letícia amava Marina. Sempre achou ela moderna, misteriosa, sexy, muito tudo. O primeiro contato com a artista foi na época do MySpace, com a banda Letuce, e Marina, supergenerosa, respondeu com elogios. No primeiro disco do duo Letuce, tem uma regravação da música "Acontecimentos", parceria de Marina Lima e Antonio Cicero.

Um dia, Marina chamou Letícia para fazer uma letra com ela para um disco de inéditas. Foi um processo maravilhoso que resultou na música "Mãe gentil", que está no disco *Novas famílias*, trabalho de Marina que foi lançado em 2018. Aproveitando a proximidade, Letícia convidou a musa para participar do disco que estava fazendo, e ela logo topou.

O clipe, lançado em 2019, tem criação, direção e belíssimas animações de Pedro Colombo. Marina participa também do clipe.

Faixa seis: Amoruim

(Letícia Novaes e Thiago Vivas)

Existe amor
Depois do amor
Resiste amor
Depois do horror
Até o amor ser bom, ele é tão ruim
Tão ruim
Até o amor ser bom, ele é tão ruim
Tão ruim
Teu corpo aqui do meu lado
Maior que o meu cobertor
Não é o monstro que eu acho
É... salvador
É meu salvador
É meu salvador

Uma das músicas menos dançantes do disco. Um pensamento sobre o amor e toda a sua complexidade: "Até o amor ser bom, ele é tão ruim." As coisas começam com a paixão, que é algo duvidoso, esquisito, muitas vezes sofrido, e depois vem o amor. O que vem depois do furacão?

As pessoas são muito obcecadas por paixão, pelo início, e Letícia sempre pensando: "Sério? Eu detesto início. Máscaras mil, a gente finge." Ela não acha legal a paixão inicial, aquele momento em que todo mundo passa mal. Porém, a música parece tematizar a volta dela ao amor, depois de terminar um relacionamento longo e vivido sob os olhos do público com Lucas Vasconcellos e conhecer o Thiago Vivas num momento ainda delicado. "Existe amor depois do amor."

Amor é construção, e Letícia é muito mais de raízes.

A música ganhou videoclipe com direção de Felipe Morozini e Gabriel Azevedo. Nele, Letrux está sozinha, em quadro, interpretando diversas emoções: chorando, se contorcendo, gritando.

Faixa sete: Noite estranha, geral sentiu

(Letícia Novaes)

Se tu tá acordada
Cinco horas da manhã
Significa
Significa

Que tu tá apaixonada
Ou que tu tá sozinha
E eu não sei o que é pior
Eu não sei o que é melhor
Entra, mas não fica à vontade
Porque eu não tô

Posso te dar um toque?
Dá um tempo pro amor
Vai viver sem pensar
Que viver é amar
Daqui a pouco amanhece
Sai desse climão
Que noite estranha, geral
sentiu

Entra, mas não fica à vontade
Porque eu não tô

Entra, mas não fica à vontade
Entra, mas não fica
Entra, mas não fica

"Noite estranha" cedida por Boa Música Brasil.

Essa música é das poucas composições que Letícia fez no violão. Um dia, ela tinha se separado e se mudado para São Paulo. Mas como não tinha dado certo a vida na capital paulista, ela voltou ao Rio e foi morar com os pais já adulta. Estando lá, parece que voltou um sentimento mais adolescente. No seu quarto de garota, com seu violão, ela escreveu essa música.

Tem também o lance de muita gente pedir conselhos amorosos para a artista, talvez pela banda anterior, por suas composições ou até pela forte ligação com astrologia. E de tanto receber mensagens, ela pensou: "Se tu tá acordada cinco horas da manhã, significa que tu tá apaixonada ou que tu tá sozinha. E eu não sei o que é pior." Afinal, as duas coisas podem ser ótimas ou péssimas.

Essa música é a artista conversando com quem lhe pede conselho e ao mesmo tempo convidando as pessoas a entrarem na casa dela, para ela dar esse conselho. Mas também não precisa ficar à vontade, porque, ao dar o conselho para alguém, ela não está mais à vontade.

"Vai viver sem pensar/ Que viver é amar."

Segundo Letícia, esse é o melô do Capricórnio: "Entra, mas não fica à vontade/ Porque eu não tô." Na música, ela se dirige a uma mulher – "Se você está acordada" —, mas geral sente.

Essa música ganhou clipe logo após o lançamento do *Climão*, afinal esse seria o single antes da Marina Lima sugerir a troca. A direção do vídeo é da Clara Cosentino e da Poliana Pieratti, e nele, Letrux, de peruca loira curta, anda misteriosa pela cidade e pela praia.

Faixa oito: Além de cavalos

(Letícia Novaes e Lucas Vasconcellos)

Vai dar trabalho cobrir essa tinta
Vai doer quem sabe mais ainda
Não aguento mais olhar pra pele
E ver o seu nome tatuado
E saber que o meu virou uma cobra
Sendo que você agora é a própria

Sim, parecia uma grande ideia
Imitávamos celebridades
Mas eles têm grana para o laser

Não, nunca mais eu me coloco nessa
Por que eu não escolhi um ideograma?
Ou talvez um número da sorte?

Sorte é coisa além de cavalos
E de sombras
Coisas além de ficar ou de ir embora
A pele também vai embora
Quando morre o corpo
Morre a pele

Sobra vida
Somente para quem curte o desvio

"Além de cavalos" cedida por Boa Música Brasil e Ouve de Fone Editora.

Essa música é uma parceria da Leticia com o Lucas, tinha que ter uma música com ele no primeiro trabalho da nova fase pós-Letuce. Eles se encontraram para compor, e a ideia inicial era não falar deles próprios, uma vez que já tinham feito isso nos três discos passados da banda que tiveram juntos. E então eles se lembraram da história de uma prima da Letícia que fez uma tatuagem na virilha com o nome do namorado. O relacionamento um dia terminou, mas o nome ainda está lá tatuado. Letícia e Lucas passaram uma tarde na pracinha do Alto da Boa Vista com um violão, brincando com os símbolos e agradecendo por não terem feito tatuagens de amor eles próprios.

O videoclipe, com direção da Tata Pierry (que também foi a diretora do registro ao vivo), foi gravado em uma fazenda. Letrux canta entre lindas paisagens com dois figurinos inspiradíssimos de Fernanda Kenan: um vermelho e um azul.

Faixa nove: Hypnotized

(Bernardo Ramalho e Letícia Novaes)

Eu só queria dormir
E acabei me apaixonando
Eu só queria me apaixonar
E acabei dormindo

You left me hypnotized
You left me hypnotized
You left me hypnotized
You left me

Na mala do carro, de costas pra rua
Dando um tchau pro carro que vem de frente
Vem de frente pra gente

Tô louca pro mundo acabar
Tô louca pro mundo começar
Tô louca pro mundo acabar
Tô louca pro mundo
Hipnotizada
Hipnotizada
Hipnotizada
Cê me deixou

You left me
Hipnotizada
Cê me deixou
Hypnotized
You left me

Eu só queria dormir
E acabei me apaixonando
Eu só queria me apaixonar
E acabei

"Hypnotized" cedida por Boa Música Brasil e Bernardo Ramalho.

Essa música, assim como todo o restante do disco, é bem os dois lados Ying e Yang e é a dilatação total dessa ideia. Dois exemplos desses momentos: "Eu só queria dormir/ E acabei me apaixonando/ Eu só queria me apaixonar/ E acabei dormindo" e "Tô louca pro mundo acabar/ Tô louca pro mundo começar" — antíteses fortes.

Mais uma canção sobre amor, paixão, fim, começos, loopings de amor, hipnose.

Essa música foi feita bem de improviso, na casa de um amigo artista visual, o Bernardo, que morava num lugar todo de vidro com vista para a floresta. Como ele tinha um piano, eles ficavam improvisando, e aí começou essa música, que aproxima experiências antitéticas.

Atualizando a canção em shows recentes Letrux começou a cantar "Tô louca pro mundo acabar/ Tô louca pro mundo recomeçar."

O vídeo dessa canção é uma realização do Charles Pereira e do João Pedro Sá, com interpretação da Lu Varello.

Faixa dez: Flerte revival

(Letícia Novaes)

Eu te vi nas artes plásticas
Cê mexeu demais comigo
Tu é o revival do marinheiro
Cê sabe circular
Meu look eu pensei o dia inteiro
Só pra te encontrar
Menino, tu é um perigo
Me avisaram, mas não deu tempo
Eu fico na pista o set inteiro
Dançando como se
Seu corpo estivesse junto do meu
Marinheiro
Vou te esperar
Feitiço, vai rolar

"Flerte revival" cedida por Boa Música Brasil.

Essa música foi feita entre 2012 e 2013, e tem dois musos. Letícia foi numa exposição e viu um garoto que chamava atenção pela desenvoltura, ele realmente sabia circular, era uma figura muito sedutora do Rio de Janeiro. E Letícia e Arthur sempre se consideraram péssimos em paqueras e flertes. Arthur conheceu um garoto que tinha muita cara de marinheiro. E eles ficavam com esses dois totens. Um dia, num passeio que muito faziam — ir à praia e na volta pegar um livro e ler juntos—, pegaram o *Personas sexuais,* da Camille Paglia, e lá encontraram a expressão "revival do marinheiro". Dias depois, Letícia gravou essa música num vídeo fazendo o som das batidinhas com a boca.

O videoclipe tem direção de Leandro Lima. Nele, múltiplas Letruxes, com maquiagens e máscaras diferentes interpretam a música.

Faixa onze: 5 Years Old

(Letícia Novaes)

Accept all happiness from me
Accept all happiness from me
Hey, can you touch my body
Like it's something new?
Can you touch my body
Like it's something new?

I never thought I'd cry so much
I never tought I would be this crying baby, baby
Cry
Crying baby

Life
Is not as easy as I thought it would be
When I was five
Is not as easy as I thought it would be
When I was five
When I was five
When I was five
When I had a life

You should come and
Accept all happiness from me

Eu aceito minhas outras vidas

"5 Years Old" cedida por Boa Música Brasil.

Música que encerra o disco, representa o regresso, a volta, é o fim desse passeio pela noite de climão, a hora de voltar para casa, é hora do fim. De forma diferente de como agem os inimigos do fim, aqui o fim vem marcado — por momentos, sensações, lembrando da criança que a artista foi. Hora de descansar a mente.

O verso "accept all happiness from me" é do poeta americano e.e. cummings, e é a partir dele que a canção foi desenvolvida.

O videoclipe foi lançado em 25 de dezembro de 2019, fase de encerramento do *Climão. Com* direção de Mariana Falcão, nele Letrux brinca no mar com mais seis crianças. No final, surge um texto na tela: "Agradeço imensamente geral que viveu o climão comigo. Equipe e público. Que sorte a minha. Amo vocês! Fechar o ano, os clipes, o disco com '5 years old' foi sem querer, como quase tudo na minha vida é. O mar vai me levando e eu aceito. As marés, as outras vidas. E essa. Até a próxima jornada." FIM.

Ficha técnica do disco

Produção musical
Navalha Carrera e Arthur Braganti

Coprodução
Letícia Novaes

Produção executiva
Letícia Novaes e Mariana Leivas

Músicos
Letícia Novaes — voz (guitarra na faixa 11, "5 years old")
Arthur Braganti — teclados, synths
Navalha Carrera — guitarra, synths, programações
Thiago Rebello — baixo
Lourenço Vasconcellos — bateria e percussões

Participações especiais
Ana Cláudia Lomelino, Duda Beat e Martha V (Faixa 4, "Que estrago").
Marina Lima (Faixa 5, "Puro disfarce")

Engenheiro de gravação
Raphael Dieguez

Mixagem e masterização
Emygdio Costa

Fotografia de capa
Ana Alexandrino

Make e hair stylist
Rodrigo Bastos

Designer
Mariana Abasolo

Gravado na Toca do Bandido (abril e maio de 2017)

O disco é dedicado ao maravilhoso cantor Jerry Adriani — pai de seu romance Thiago Vivas —, falecido no dia 23 de abril de 2017, em meio a todo esse processo.

No encarte do disco, após os agradecimentos, tem uma frase do poeta americano Henry David Thoreau: "O verdadeiro poema não é aquele que o público lê. Há sempre um poema não impresso no papel, que coincide com a produção deste, estereotipado na vida do poeta. É aquilo em que ele se transformou por intermédio do seu trabalho. A questão não é como a ideia é expressa em pedra, tela ou papel, mas em que grau ela conquistou forma e expressão na vida do artista. Sua verdadeira obra não estará na galeria de nenhum príncipe."

PARTE IV

PÓS-*CLIMÃO*

6. *Aos prantos*

O *Climão* aconteceu e aconteceu muito em 2018 e 2019. Foram muitos shows, trabalhos extras conquistados, voos por todo Brasil, muitas cidades e fãs chegando sem parar. Foi intenso. Letícia é capricorniana (já sabemos), mas ama férias, e apesar de ter um trabalho muito prazeroso, não deixa de ser trabalho. Por mais mágica que seja a hora do show, tem sempre o antes: toda a logística, a planilha no Excel, a produção, os perrengues, enfim, tem muita coisa. No meio dessa pegada intensa, Letícia resolveu ir para a Grécia. Na época, pareceu bem ousado. O pensamento de fora era: Como assim parar no auge para viajar? Mas Letícia não pensa assim, e a este ponto da história nós já sabemos muito bem disso. *Em noite de climão* foi um momento bem forte, porque era o sonho da vida realizado, mas realizar sonho não é só alegria, tem muito mais camadas. E foi nesse momento, entre camadas e reflexões, que ela foi pra Grécia mergulhar, e mergulhou mesmo.

Durante essa pausa que lhe parecia tão preciosa, e era, ela foi lá e compôs algumas músicas: "Déjà-vu frenesi", que foi feita debaixo d'água, e "Cuidado, paixão", também debaixo d'água. Teve umas ideias melódicas para "Dorme com essa" e também surgiu um pedaço de "El dia que no me quieras", no vulcão de Santorini.

Esse tempo na Grécia aconteceu em meados de 2019, no meio do *Climão* comendo solto. Enquanto isso acontecia, silenciosamente ela ia compondo e falando com Arthur Braganti, que seria mais uma vez seu produtor junto com Navalha Carrera. Ia também buscando músicas com Lucas, com Thiago e com a banda.

Como anunciado no fim da turnê do *Climão*, Letrux já encerrou a tour do disco em processo de gravação do seu próximo trabalho. Agora, sim, finalmente um disco contemplado pelo edital 2020 da Natura Musical, com apoio da Lei de Incentivo à Cultura, distribuído pela Altafonte Brasil. O disco foi gravado em novembro de 2019, no estúdio da Red Bull Station, em São Paulo, com participações especiais da Liniker, no blues "Sente o drama", composição de Letícia e Thiago Vivas, e da Luisa Lovefoxxx, em "Fora da foda", composição do Lourenço Vasconcellos, Thiago Rebello, Letícia e Arthur.

O pensamento que rolava no momento era: *O Climão acabou e o que se faz quando um climão acaba? Choro? De alívio, de riso, de tristeza ou de gozo.* O *Climão* foi um processo muito forte, como já vivenciamos aqui — e depois de algo assim talvez seja bom dar uma chorada. A escolha da data de lançamento foi movida pelos astros, mais uma vez e sempre, pois um disco de água tinha que ser pisciano. Mas em janeiro e fevereiro ninguém lança nada, pois o mundo ainda não voltou. Então vamos em março, sexta-feira, 13 de março de 2020, ela gostava. Então, vai ser. Está decidido.

Em fevereiro de 2020 teve o lançamento do disco *Acorda amor*, pelo Selo Sesc, em São Paulo, em duas datas no Sesc Pompeia. Depois da apresentação, na volta para o Rio de Janeiro, tinha muita gente de máscara no avião, as notícias de um vírus corria nas manchetes internacionais, e Letícia achou estranho, aquilo não bateu legal.

"Eis que quase três anos depois, aviso ao mundo que meu novo disco vem aí. Denso que nem minha cabeça, emotivo que nem meu coração, confuso que nem meu intestino, bonito que nem minhas mãos, esquisito que nem meu nariz. Aguardem & respirem. Bons sonhos e boas lágrimas. Dia 13 de março." Esse foi o primeiro post da Letrux em suas redes sociais anunciando a data de lançamento do disco. Depois veio o nome: *Aos prantos.* E então os anúncios de datas de lançamento no Rio de Janeiro, duas datas no Teatro Claro; em São Paulo, três datas na Casa Natura Musical. E depois veio a vida real. Vocês bem lembram o que aconteceu nesse exato dia 13 de março de 2020? Só de ler essa data, hoje, a vontade de chorar e o aperto no peito voltam. O dia escolhido se tornou o dia que mudaria nossas vidas. Esse dia, que nunca será esquecido pelos brasileiros, marcou, em nosso país, o início do isolamento social, o *lockdown,* por causa do avanço da pandemia da covid-19 em todo o mundo. Essa era a estratégia mais defendida por cientistas para conter o vírus, protegendo vidas dessa doença ainda misteriosa e sem vacina.

No começo todos acharam que isso duraria alguns dias, mas infelizmente não preciso escrever o que aconteceu, sabemos. Esse período se prolongou, e assim ficamos por muito tempo, com shows paralisados e a música tentando se reinventar bravamente, em *lives* por redes sociais e no YouTube, que viraram até piada de tanto que se proliferaram.

Quando chegou o *lockdown*, veio para Letícia também o baque, e não só pelo disco, claro, mas pelas tantas mortes. A vida virou acompanhar números de pessoas que morriam vítimas de um vírus que se espalhava por todo mundo. As notícias mostravam os números que aumentavam a cada dia, uma tristeza sem fim.

Letícia passou um tempo sem nem conseguir ouvir o disco recém-lançado, mas essas músicas foram importantes para muitas pessoas durante a pandemia, e para muitos se tornou companhia nesse período terrível. Um disco com composições mais maduras, de descoberta pessoal mesmo — as músicas que estão nesse repertório mexem muito com Letícia até hoje. A banda já estava totalmente entrosada, tanto que todos já contribuíam nas composições. Ensaiaram no Rio de Janeiro e gravaram em São Paulo, numa imersão especial de vivência em outra cidade, um lance mais profissional mesmo. Não que antes não fosse, mas aqui já existia o pensamento de continuidade do que havia se conquistado com o *Climão*. A banda que acompanhava Letícia desde o primeiro disco continuava unida, superentrosada e contava com uma nova integrante: Jéssica Zarpey na percussão.

Muita coisa no disco tinha a ver com o que estávamos vivendo, o próprio nome — *Aos prantos*. O lançamento cair no dia exato em que começamos todos a chorar juntos é muita coincidência, caso ela exista. Então, o que de maneira mercadológica parecia uma perda de timing, do ponto de vista artístico era o tempo que tinha que ser.

O show do disco *Aos prantos* só veio a acontecer dois anos depois (!!!) no dia 11 de fevereiro de 2022, na Casa Natura Musical, em São Paulo.

7. *Como mulher girafa*

Com o primeiro disco o artista mostra a que veio, no segundo se firma e prova que não foi sorte de principiante, e com o terceiro? Talvez seja o momento da liberdade total, talvez a primeira vez que não tenha que provar nada a ninguém, se é que esse momento um dia chega.

O processo do terceiro disco se mistura muito com o segundo, pois vivemos todos um longo período de isolamento sem convívio social na época da epidemia da covid-19, e isso, claro, deixou marcas em todos nós. E foi nessa prisão, nesse não viver, nesse período de tanto controle, que Letícia teve vontade de soltar as feras enjauladas, de alguma maneira.

Durante a pandemia, Letícia foi morar em São Pedro da Aldeia, na Região dos Lagos, litoral do Rio de Janeiro, e teve muito contato com bichos — uma coisa até então não muito vivida por ela, que nunca teve gato ou cachorro. Lá na casa que ela morou, tinha gato, e ela foi se apegando e se apaixonando pelo animal de uma maneira surpreendente, tanto que sofreu na hora da despedida. Depois, leu o livro *A revolução dos bichos*, de George Orwell. Tentou muito ser vegana, mas não conseguiu, e passou a viver uma fase da vida em que tudo era sobre o reino animal, e isso começou a atravessá-la de forma intensa. O ser humano fechado em seu lar, com uma doença que provocou o isolamento, e os bichos ocupando a vida, correndo livres.

Mas o lance com os bichos não veio só nesse momento. Ali atrás, na primeira banda, tinha uma música chamada "Discovery Channel", canal a que ela amava assistir, aprendendo aquelas informações todas que para alguns pareciam inúteis: como o fato de que as golfinhas são das poucas espécies de mamíferos que sentem prazer no ato sexual, além dos seres humanos; uma espécie que testa vários parceiros até escolher quem será o melhor para procriar. Coisas que só aprendi agora com uma telespectadora da Discovery, chamada Letícia Novaes.

Com isso, as composições foram sendo feitas, então, com essa inspiração animalesca, por exemplo, expressões dos bichos usadas na vida humana. Com isso veio a pergunta: Que bicho eu seria? E a resposta foi muito óbvia, estava no seu endereço de e-mail havia anos, estava na tatuagem estampada no seu corpo, já tinha sido seu apelido ruim, seu bullying, na real. Não tinha outra opção, ou até tinha, mas estava na cara que ela seria uma girafa. Além disso: a altura e o fato de ser muito observadora. Então estava decidido: ela seria a mulher girafa. E, depois de todo aquele pranto, era necessária uma alegria, uma loucura, um mundo à parte do caos humano.

O anúncio do disco foi feito nas redes, sem aviso prévio, uma surpresa boa. No dia 30 de maio de 2023, Letícia postou em suas redes sociais a capa com a chamada: "Dia 30 de junho sai meu terceiro disco: *Letrux como mulher girafa*."[2]

E assim foi, o disco saiu em junho de 2023, dessa vez com produção do João Brasil, que também foi o produtor do tercei-

---

2 Em suas postagens, Letícia, por vezes, usava "Letrux" como parte do nome do disco, mas de acordo com uma declaração da própria artista dada em 17/06/2025, o nome do disco é *Como mulher girafa*, compondo, desta forma, uma "trilogia" Letrux.

ro disco da Letuce. O disco tem participação do Lulu Santos na faixa "Zebra". A banda já íntima e superentrosada é formada por Arthur Braganti (teclados), Navalha Carrera (guitarra), Thiago Rebello (baixo), Lourenço Vasconcellos (bateria) e Jéssica Zarpey (percussão).

8. Cê mexeu demais comigo

Letrux construiu a partir do disco *Em noite de climão* um trabalho sólido, admirado e que faz parte da história da música brasileira.

Da garota capricorniana que amava palcos, luzes e coxias para a mulher que vemos hoje conquistando tantas coisas, iluminada, saindo de trás das cortinas e com um enorme número de fãs que cantam juntos canções compostas por ela, teve um caminho longo, mas que não distancia tanto assim essas duas fases. A gente vê a jovem Letícia na porosidade de sua sensibilidade no palco, sendo atravessada ao mesmo tempo que pretende atravessar. Letícia criou Letrux, e Letrux conquistou nossos corações com sua música, liberdade e performance. Será isso um trabalho de atriz? A gente consegue interpretar o que a gente é? O que será que a gente é? “A gente não sabe de nada” — já cantava Letícia, com sua banda Letuce, lá atrás.

Tentamos aqui conhecer um pouco mais a artista, seu processo e obra, e tudo nela é tão dela, que conhecemos até mais. Essa história não acaba aqui, pois ela é retrato de um começo importante. Muitos discos virão, sucessos, fracassos, talvez, enfim, vida que segue.

A gente escolheu como começar a contar essa história lá na introdução, e agora é o momento de decidir como terminar.

Terminar pode ser no fim de um período, numa mudança drástica, num sumiço, numa separação, no início de uma nova fase, mas, assim como na despedida de Letuce, talvez seja melhor não se despedir, e agora seguimos, cada um pro seu lado, levando essa história e vivendo sua continuação, seja como ouvinte, como fã, escritora, mulher ou artista.

A verdadeira obra não pode ser contada, ela não está na galeria, no livro, e sim nas nossas vidas.

Choramos, com certeza choramos. Agradecemos por tudo e pensamos: *E agora? O que vem por aí?*

Agradecimentos

Primeiro de tudo, e agradeço muito, com todo o coração, à Letícia Novaes, essa artista imensa e tão generosa que me aguentou por quase um ano mandando mensagens e perguntas profundas nas horas mais loucas. Eu vejo muito artista subir e descer nos altos e baixos dessa carreira, mas poucos continuam dando o carinho e a atenção que Letícia dá, é uma pessoa realmente especial.

A todos os artistas e técnicos entrevistados para o livro, pela disponibilidade e pelo carinho. Que jornada bonita.

Ao Pedro Granato, meu companheiro e primeiro leitor, por mais esse mergulho. "A gente não sabe de nada."

À Rosa, minha filha, capricorniana do meu coração.

Ao meu pai e à minha mãe, por tudo.

À Maya Guizzo, amiga de tantas e leitora do começo.

Ao Emanuel Bomfim, meu chefe amado da Rádio Eldorado, pelas trocas e pelo espaço sempre aberto.

Ao Eduardo Weber e ao Alexandre Tondella que estão comigo desde o início da minha jornada no rádio e na música.

Ao Bruno Porto, agente e amigo.

A toda a equipe da Editora Cobogó, por toparem essa.

E um agradecimento especial à banda Letuce, que me aproximou de Letícia lá atrás, quando eles vieram fazer o show do Prata da Casa no Sesc Pompeia — de lá pra cá é tudo história.

Editora-chefe
Isabel Diegues

Editora
Aïcha Barat

Coordenação de produção
Melina Bial

Assistente de produção
Jade Gomes

Revisão final
Féres Féres

Projeto gráfico e diagramação
Mari Taboada

Capa
Radiográfico

CIP-BRASIL. CATALOGAÇÃO-NA-FONTE
SINDICATO NACIONAL DOS EDITORES DE LIVROS, RJ

M335L Martinelli, Roberta
Letrux : em noite de climão / Roberta Martinelli. - 1. ed. - Rio de Janeiro : Cobogó, 2025.
124 p. ; 19 cm. (O livro do disco)

ISBN 978-65-5691-175-5
1. Letrux, 1982-. Letrux em noite de climão. 2. Música popular - Brasil. 3. Música alternativa - Rio de Janeiro (RJ). I. Título. II. Série.

25-98789.3 CDD: 782.421640981
CDU: 78.011.26(81)

Carla Rosa Martins Gonçalves - Bibliotecária - CRB-7/4782

Editora de Livros Cobogó Ltda.
Rua Gen. Dionísio, 53, Humaitá
Rio de Janeiro, RJ, Brasil – 22271-050
www.cobogo.com.br

O LIVRO DO DISCO

Organização: Frederico Coelho | Mauro Gaspar

The Velvet Underground | ***The Velvet Underground and Nico***
Joe Harvard

Jorge Ben Jor | ***A tábua de esmeralda***
Paulo da Costa e Silva

Tom Zé | ***Estudando o samba***
Bernardo Oliveira

DJ Shadow | ***Endtroducing...***
Eliot Wilder

O Rappa | ***LadoB LadoA***
Frederico Coelho

Sonic Youth | ***Daydream nation***
Matthew Stearns

Legião Urbana | ***As quatro estações***
Mariano Marovatto

Joy Division | ***Unknown Pleasures***
Chris Ott

Stevie Wonder | ***Songs in the Key of Life***
Zeth Lundy

Jimi Hendrix | ***Electric Ladyland***
John Perry

Led Zeppelin | ***Led Zeppelin IV***
Erik Davis

Neil Young | ***Harvest***
Sam Inglis

Beastie Boys | ***Paul's Boutique***
Dan LeRoy

Gilberto Gil | ***Refavela***
Maurício Barros de Castro

Nirvana | ***In Utero***
Gillian G. Gaar

David Bowie | ***Low***
Hugo Wilcken

Milton Nascimento e Lô Borges | ***Clube da Esquina***
Paulo Thiago de Mello

Tropicália ou Panis et circensis
Pedro Duarte

Clara Nunes | ***Guerreira***
Giovanna Dealtry

Chico Science & Nação Zumbi | ***Da lama ao caos***
Lorena Calábria

Gang 90 & Absurdettes | ***Essa tal de Gang 90 & Absurdettes***
Jorn Konijn

Dona Ivone Lara | ***Sorriso negro***
Mila Burns

Racionais MC's | ***Sobrevivendo no inferno***
Arthur Dantas Rocha

Nara Leão | ***Nara — 1964***
Hugo Sukman

Marina Lima | ***Fullgás***
Renato Gonçalves

Beth Carvalho | ***De pé no chão***
Leonardo Bruno

Os Paralamas do Sucesso | ***Selvagem?***
Mario Luis Grangeia

2025

1ª impressão

Este livro foi composto em Helvetica.
Impresso pela Gráfica Viena,
sobre papel Offset 75g/m².